小学校入試対策問題集

パーフェクト

キリトリ式

思考問題 3

☆本書の使い方☆

◎ 本書はキリトリ式になっています。

◎ ▲のついている方向を上にしてご使用ください。

◎ この本は「速さ」や「得点力」をみるためのものではありません。制限時間などは指定していませんので、お子様の状態に合わせてご使用ください。

◎ さまざまな難易度の問題があります。難しい問題は、お子様の状態に合わせてヒントを出したり、言葉を言い換えたりしてください。

▶問題 01

上の重さ比べを見て、２番目に重い動物に○をつけましょう。

解答

▶問題 02

上の四角のようにつり合っているとき、下の絵はどちらが重くなりますか。重いほうに○をつけましょう。

解答

▶問題 03

（♥の問題）　ミカンが７個あります。３個食べたあと、４個もらいました。今ミカンは何個ありますか。その数だけ○を書きましょう。

（♠の問題）　リンゴが９個あります。３人で分けると、１人分は何個ですか。その数だけ○を書きましょう。

（◆の問題）　２つのお皿にキャンディーがのっています。２つのお皿のキャンディーを同じ数にするためには、多いほうから少ないほうへ、いくつ移せばよいですか。その数だけ○を書きましょう。

解答

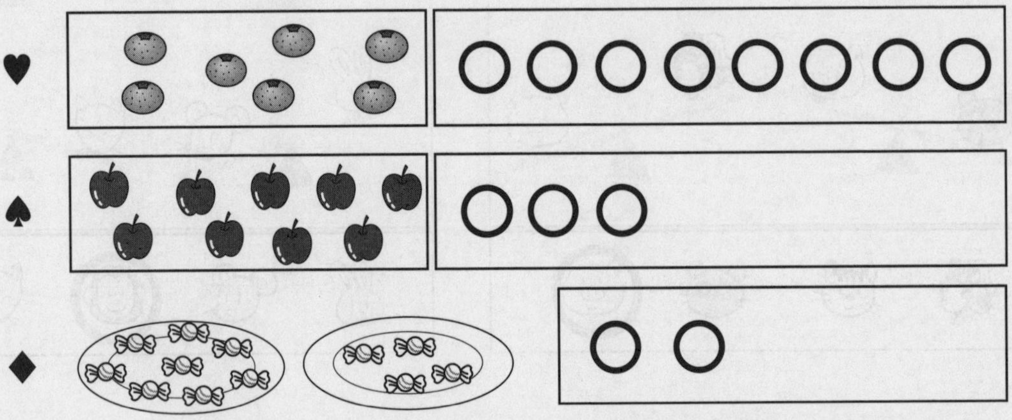

▶問題 04

上の四角の中の黒い部分の広さと、同じ広さのものを２つ選んで○をつけましょう。

解答

▶問題 05

上の四角の中の黒い部分の広さと、同じ広さのものを２つ選んで〇をつけましょう。

解答

▶問題 06

左の２枚のガラスの板を、ピタリと重ねたときどうなりますか。右から選んで〇をつけましょう。

解答

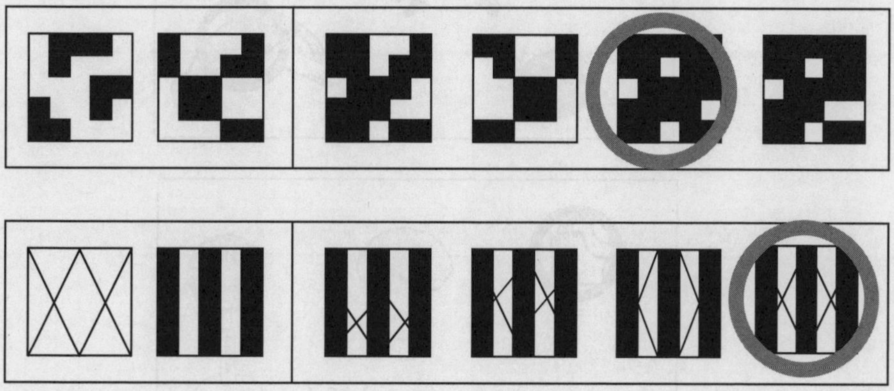

▶問題 07

左の２枚のガラスの板を、ピタリと重ねたときどうなりますか。右から選んで○をつけましょう。

解答

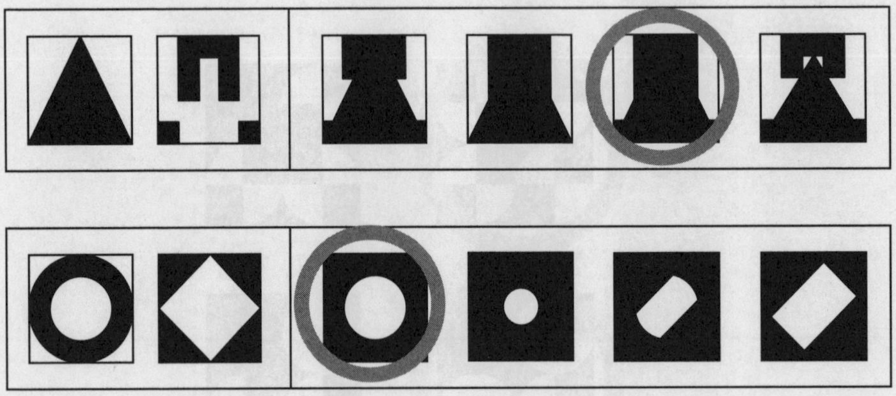

▶問題 08

左のようにしりとりをしたとき、○の部屋に入るものに○、×の部屋に入るものに×をつけましょう。

解答

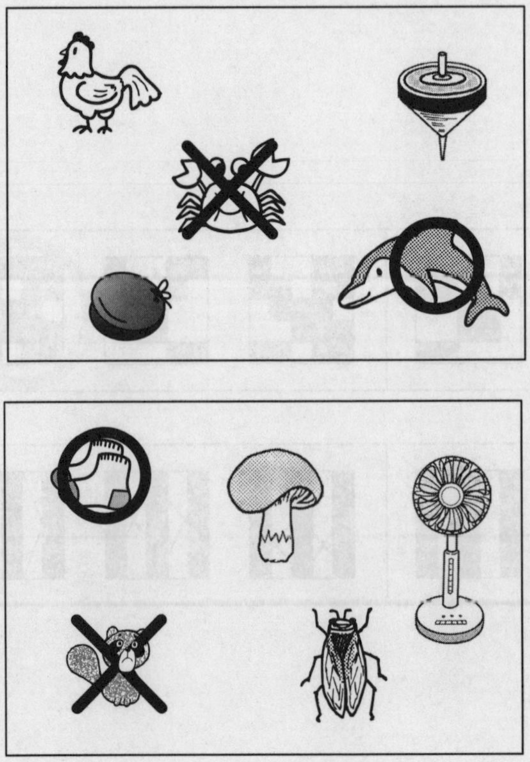

▶問題 09

　絵のようにしりとりをしたとき、○の部屋入るものに○、×の部屋に入るものに×、△の部屋に入るものに△をつけましょう。

解答

▶問題 10

　ある決まりでサイコロが並んでいます。あいているところには何が入りますか。□の中から選んで○をつけましょう。

解答

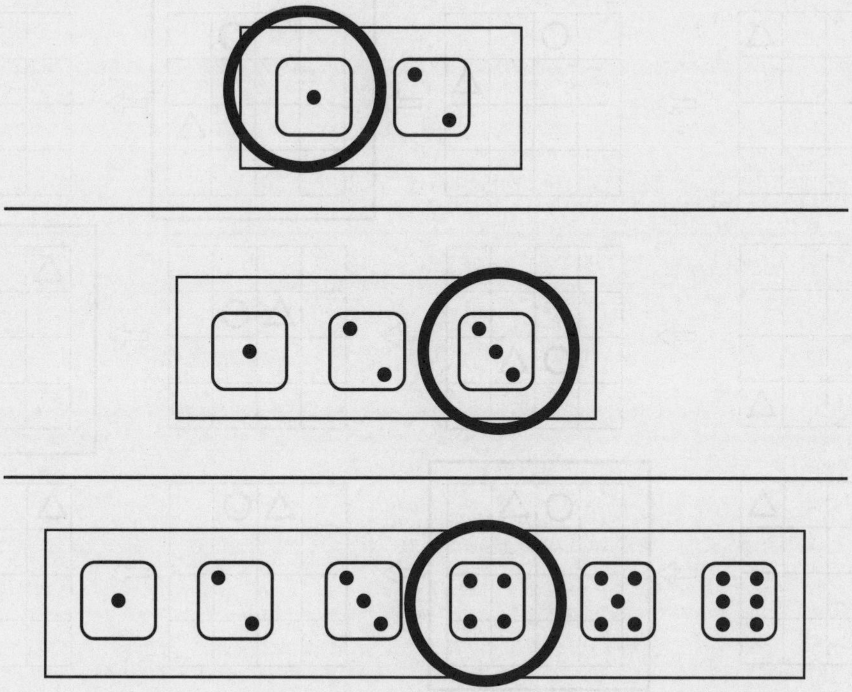

▶問題 11

ある決まりでサイコロが並んでいます。あいているところには何が入りますか。□の中から選んで○をつけましょう。

解答

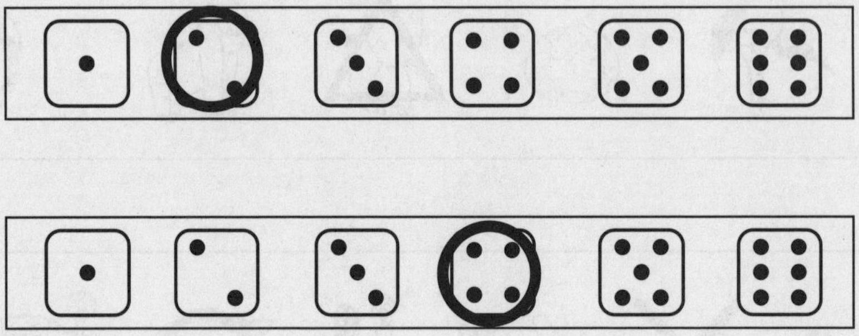

▶問題 12

ある決まりによって○と△が動きます。あいているところはどうなりますか。形を書きましょう。

解答

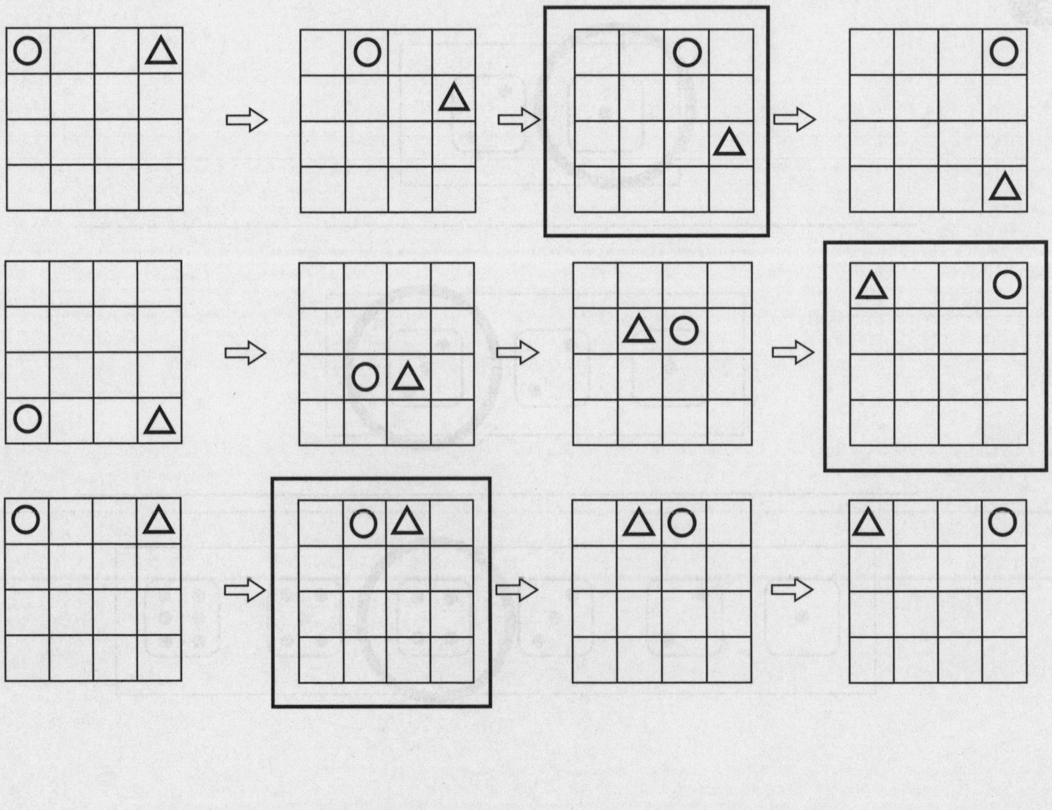

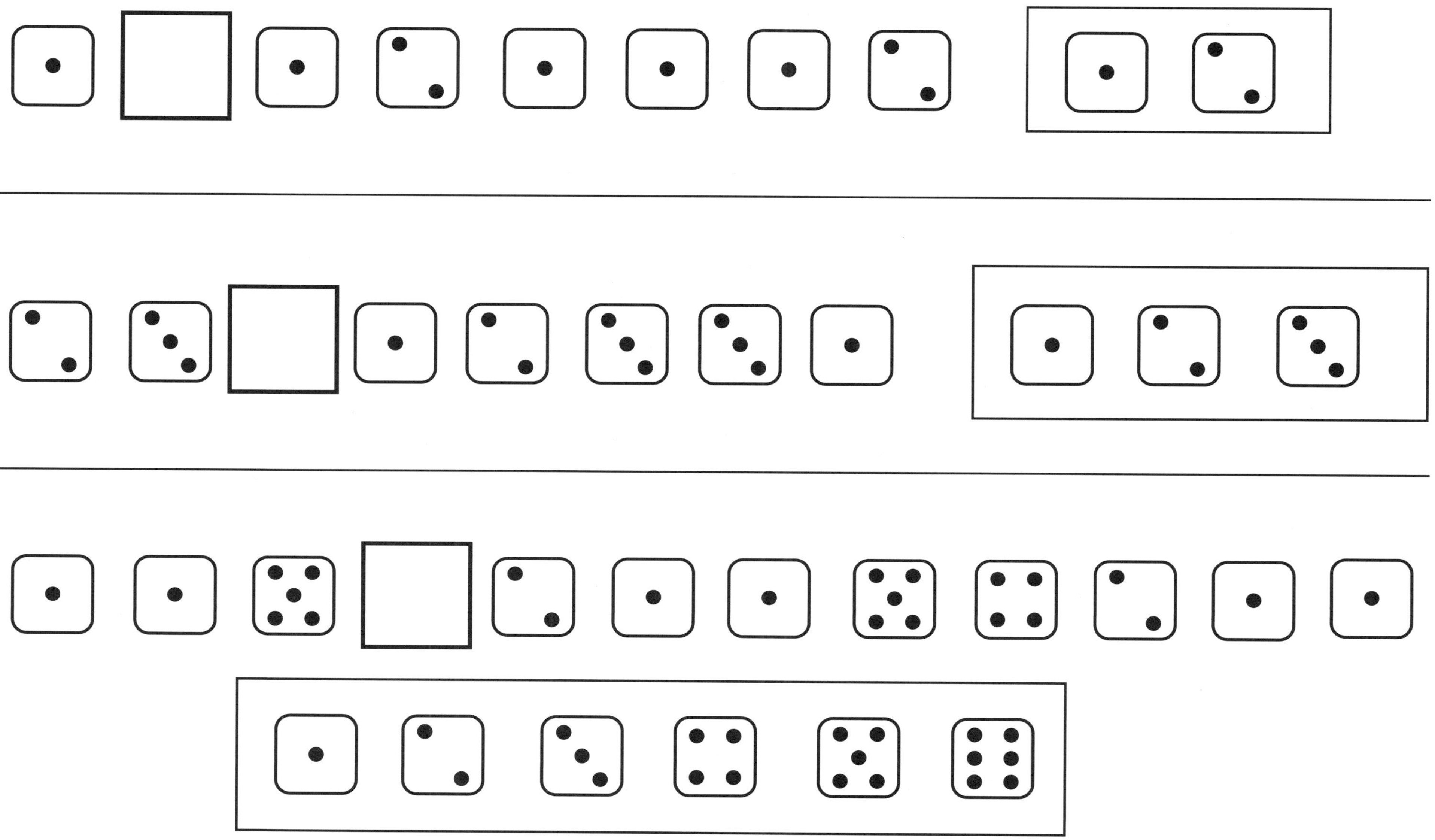

キリトリ線

問題 11

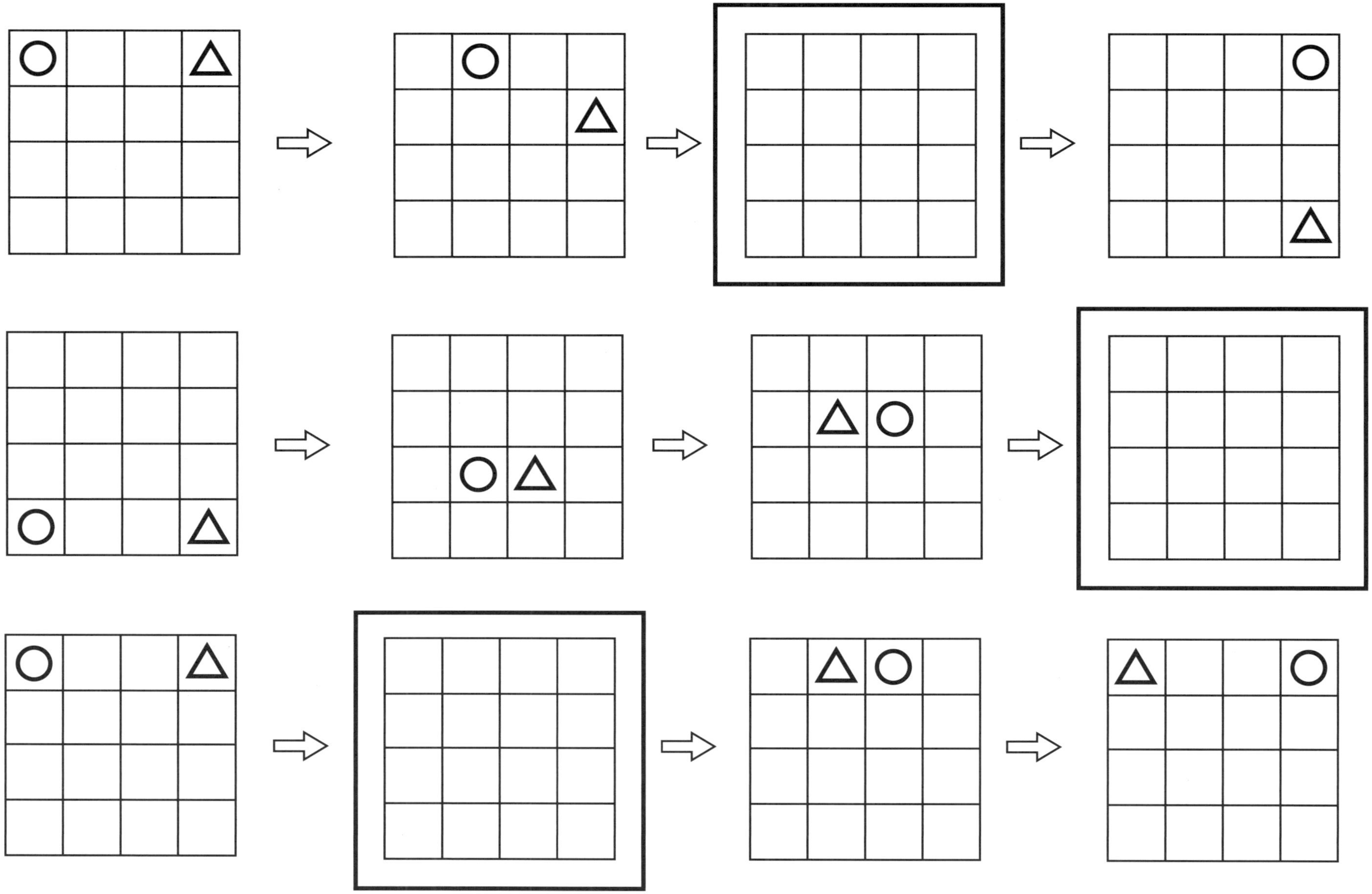

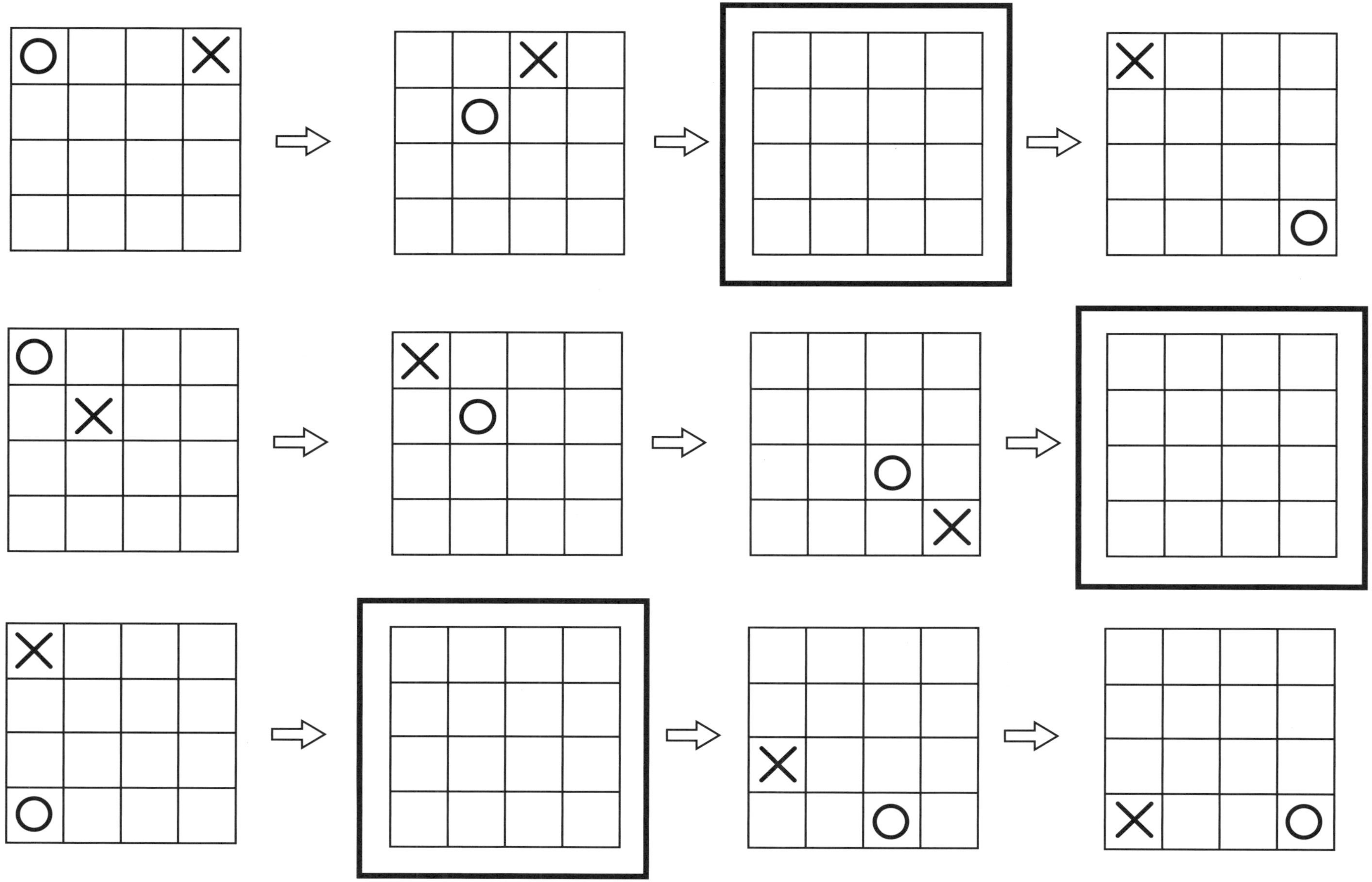

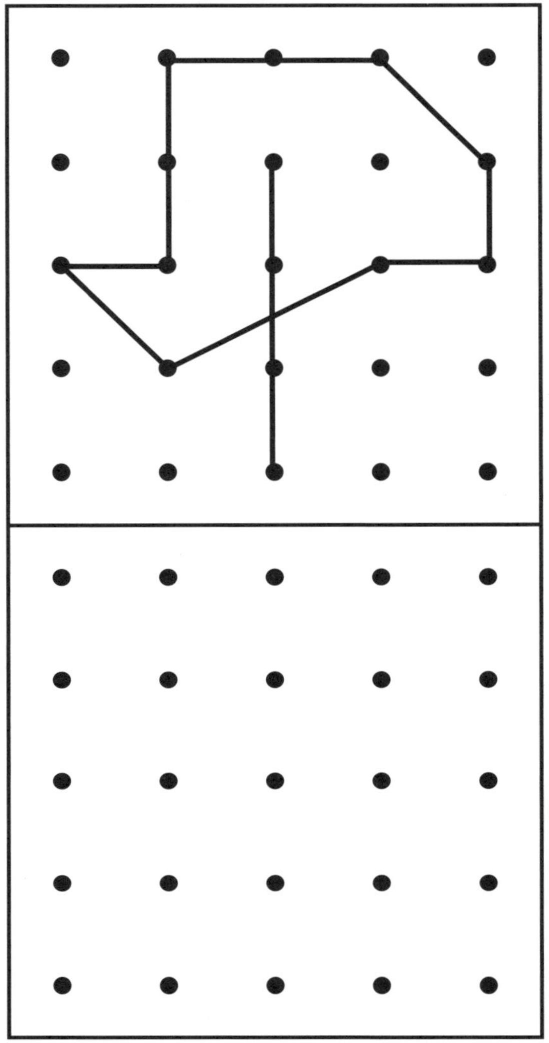

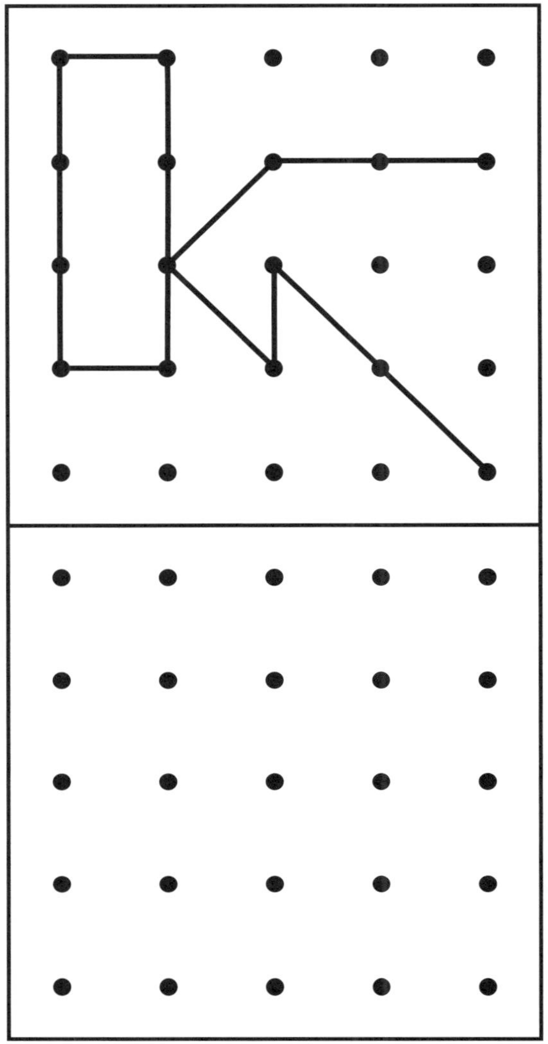

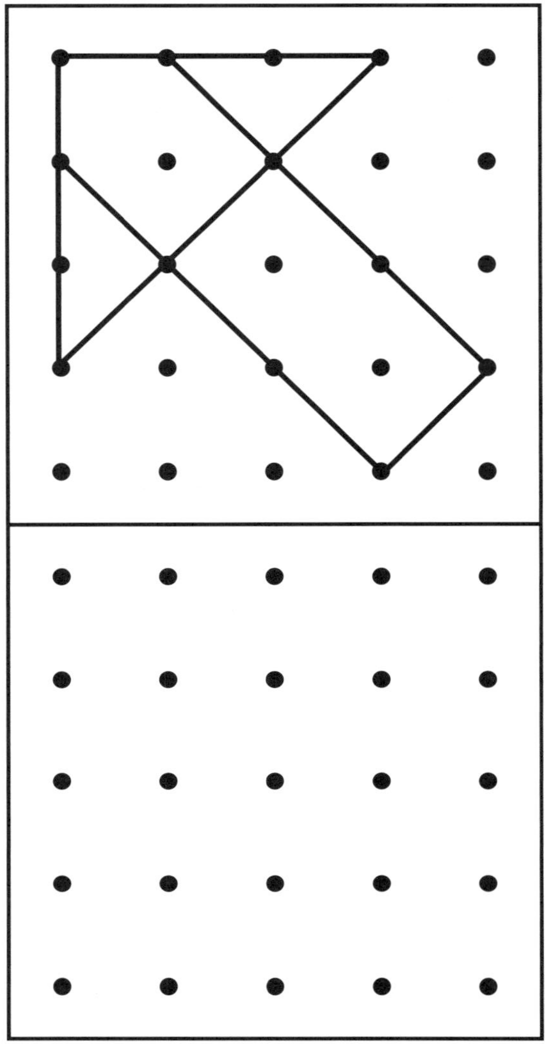

問題 14

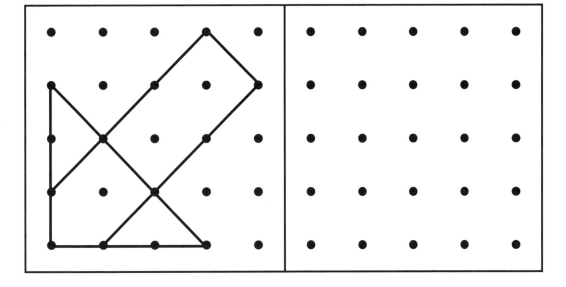

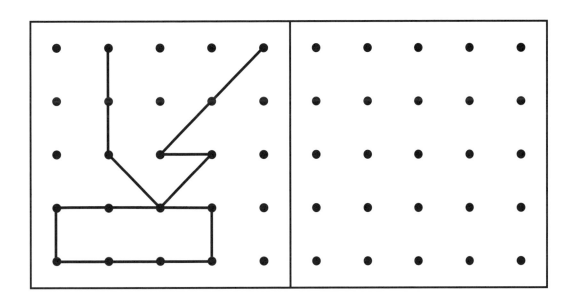

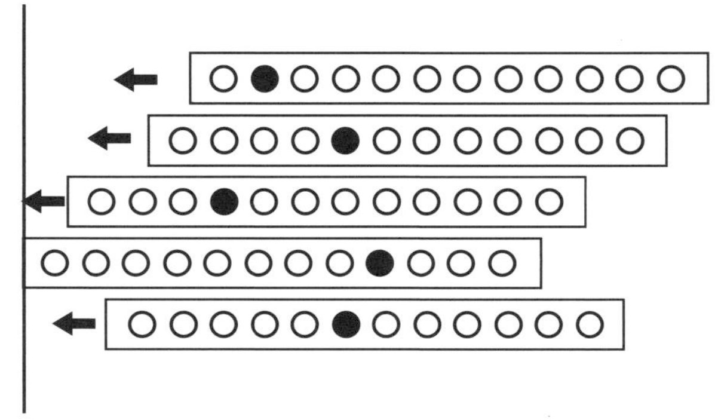

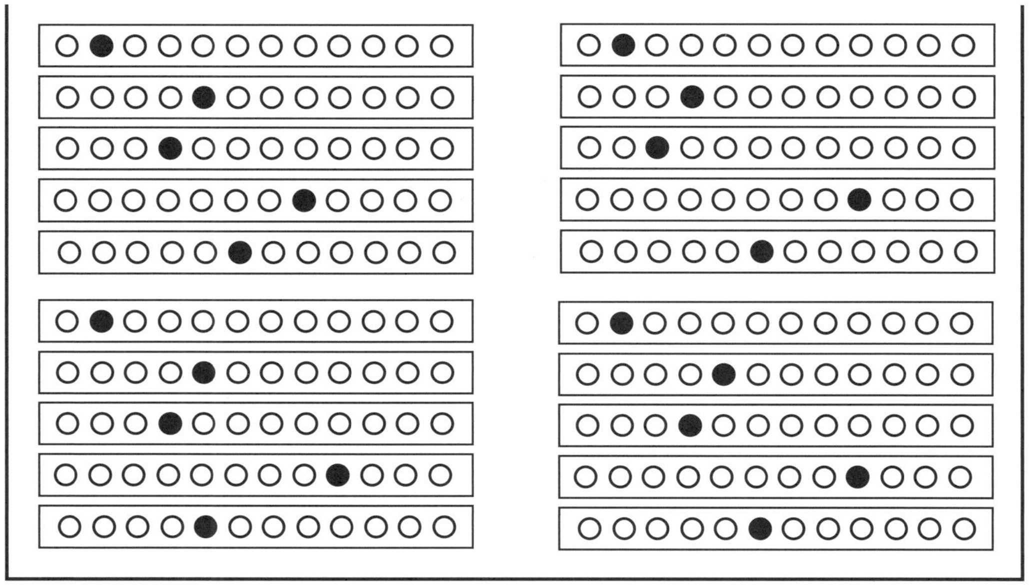

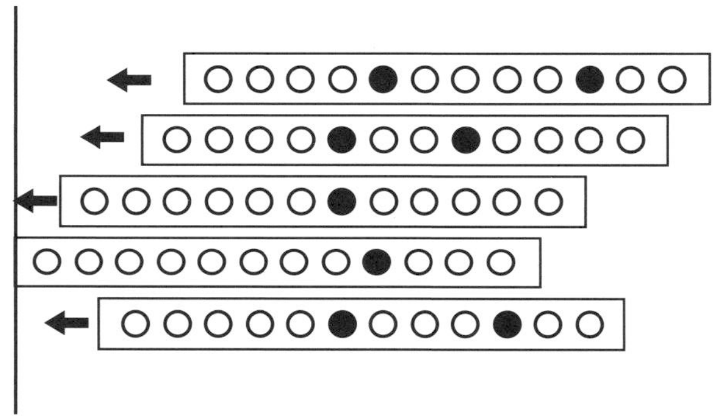

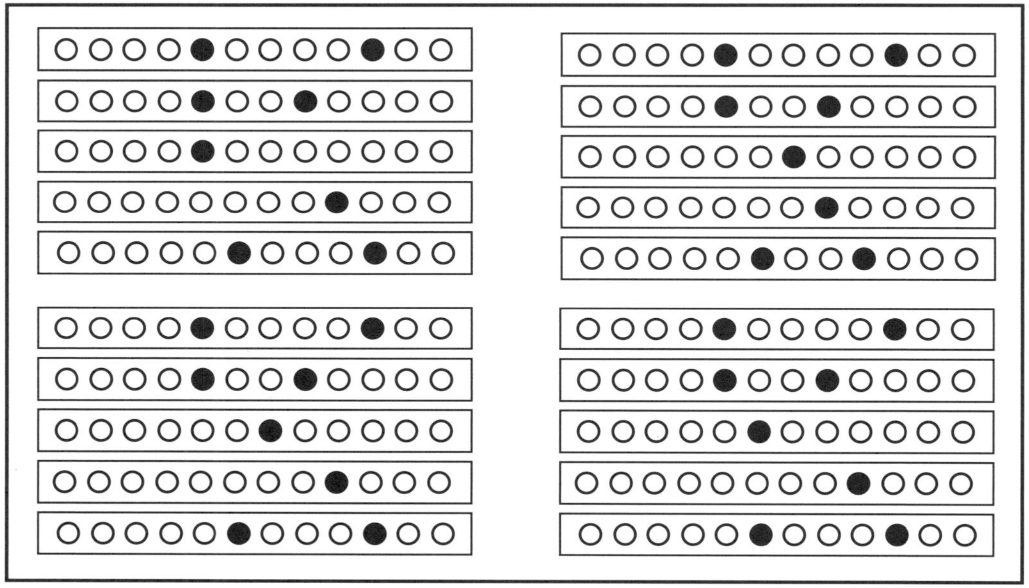

問題 15

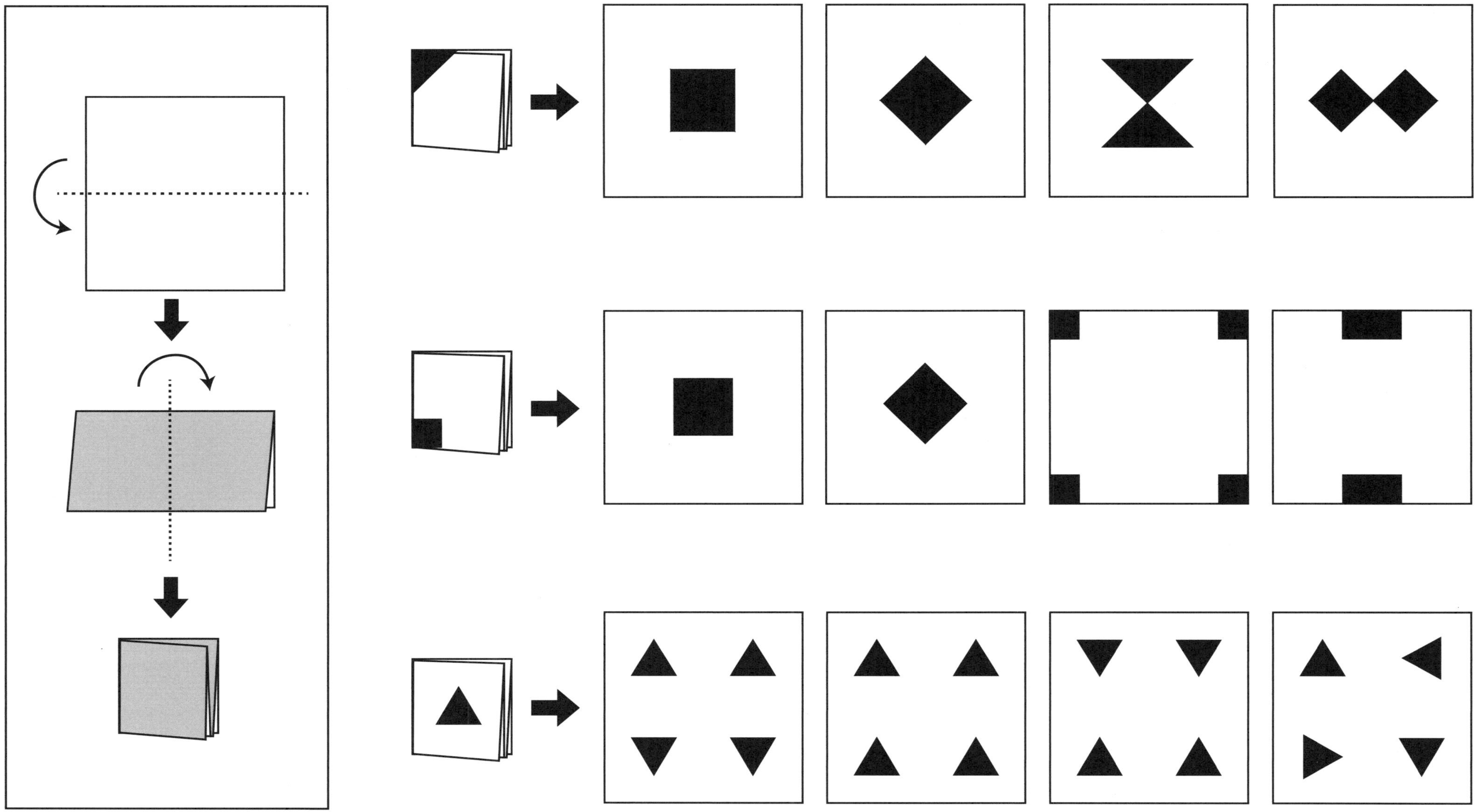

問題 16

キリトリ線

問題 17

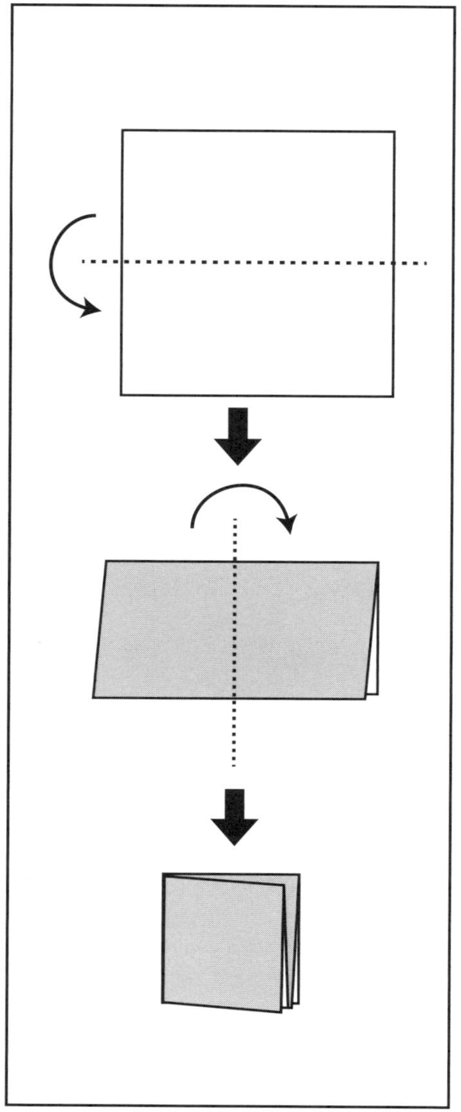

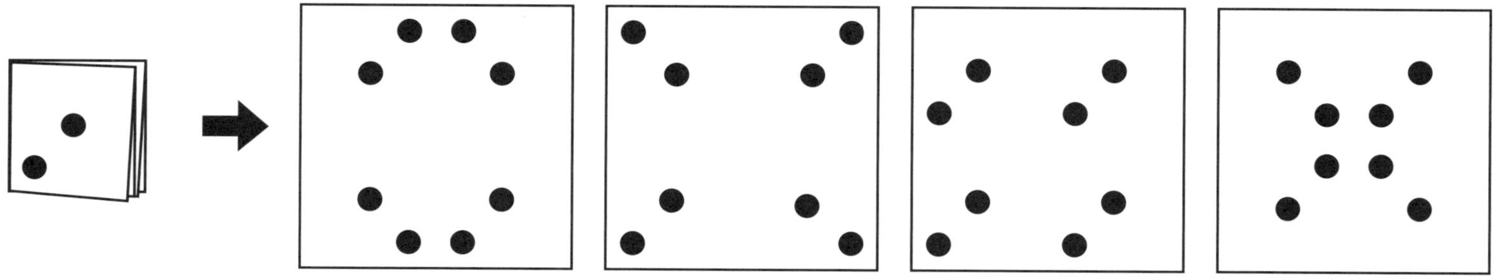

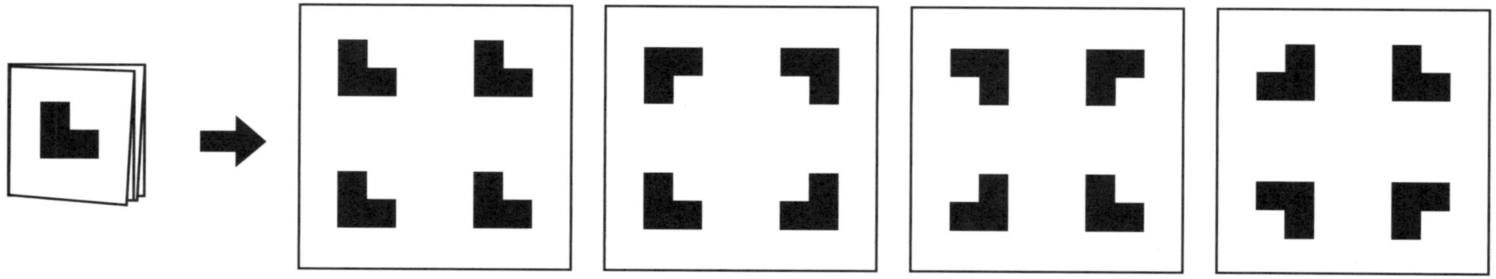

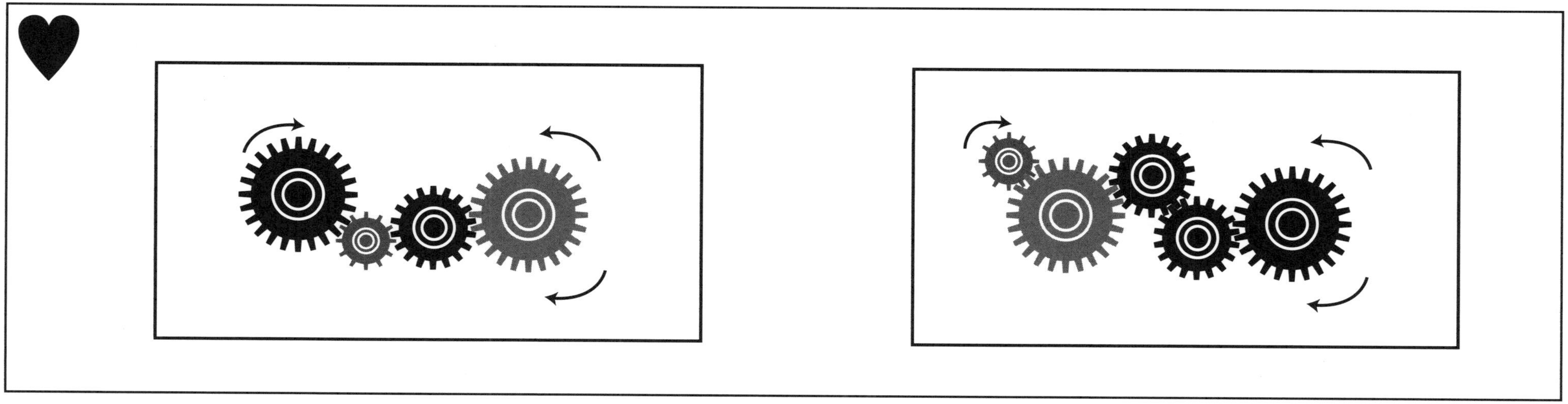

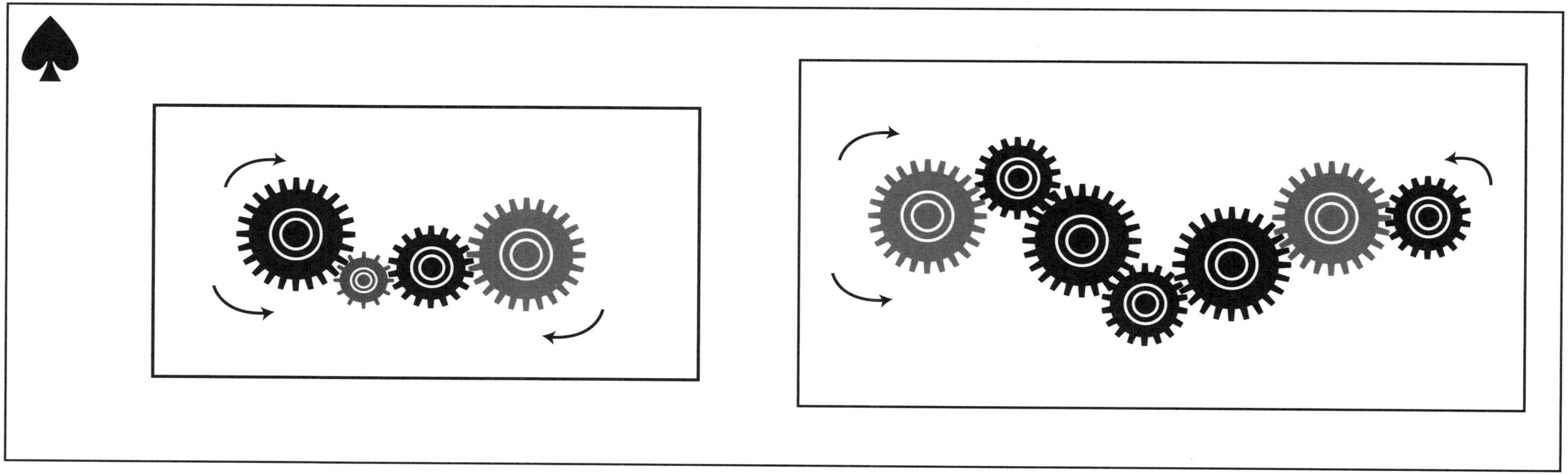

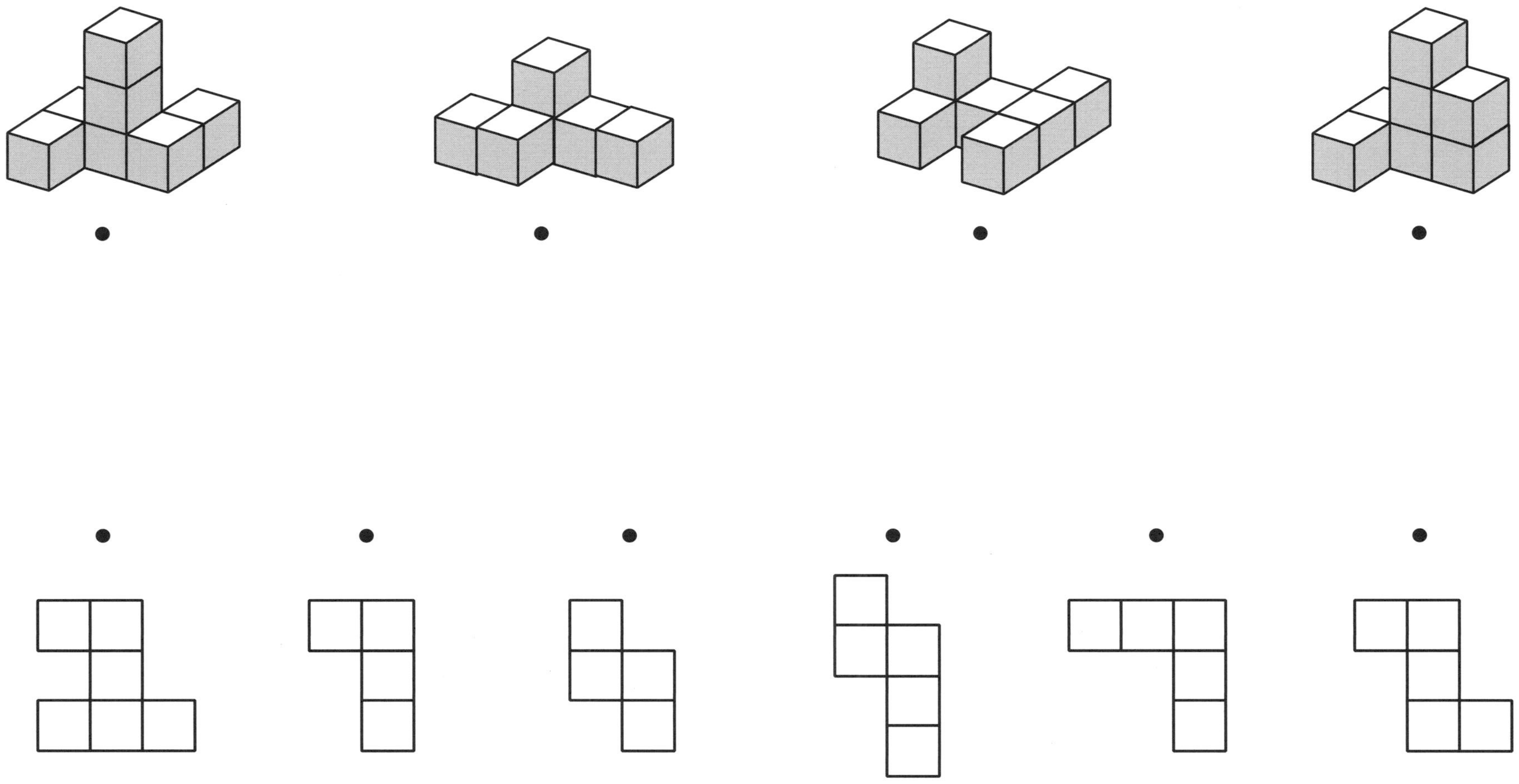

キリトリ線

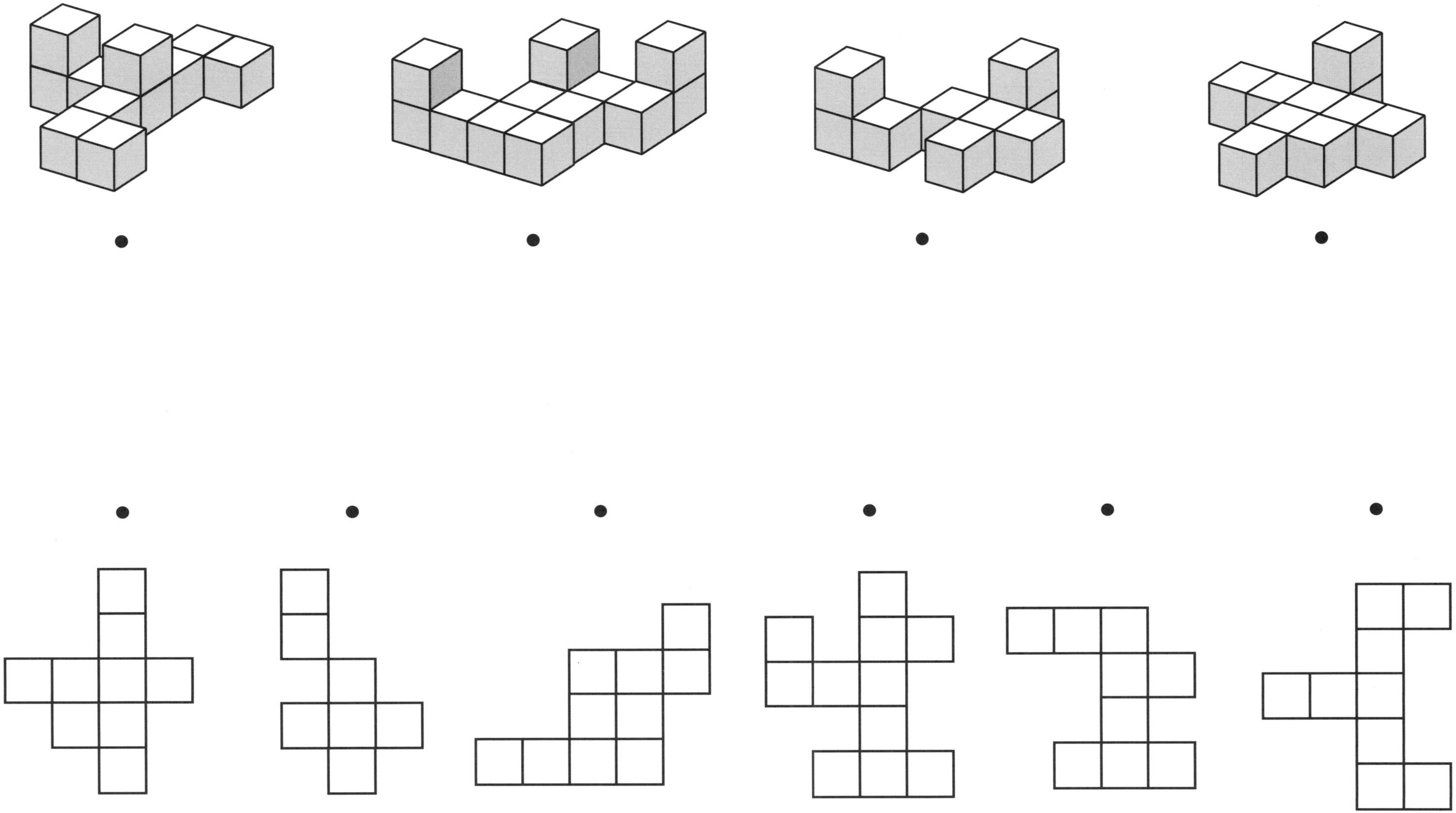

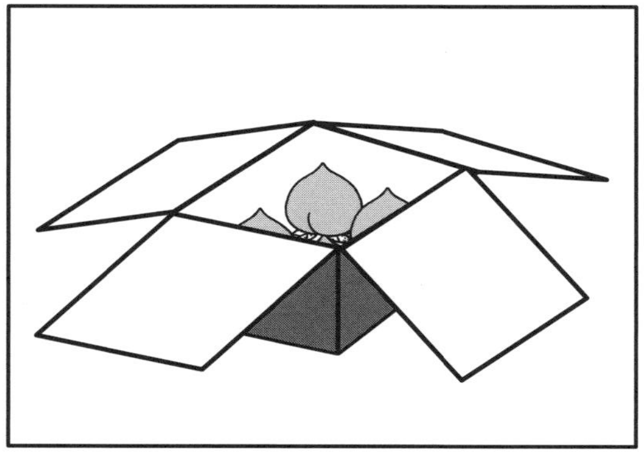

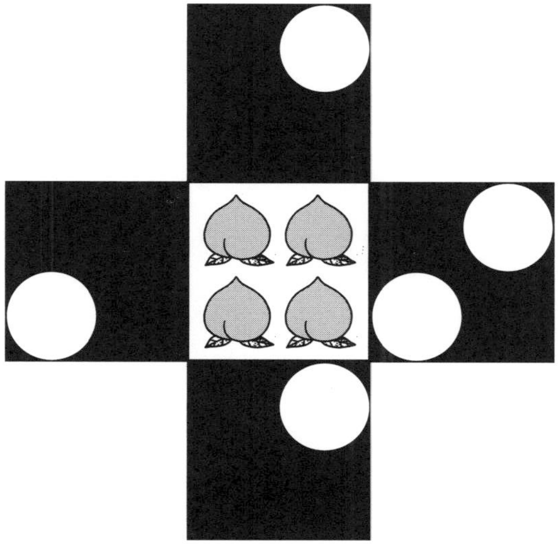

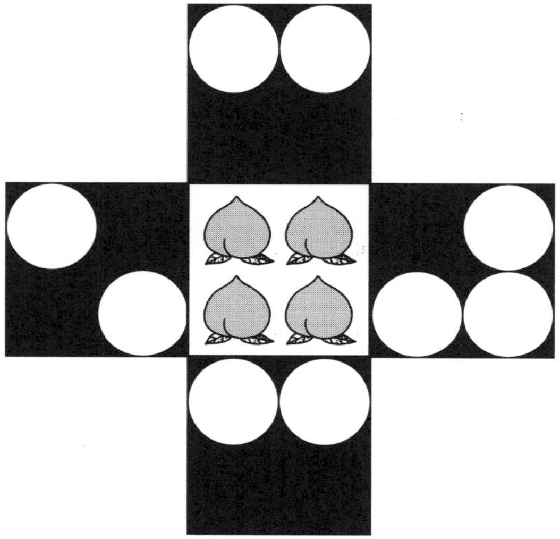

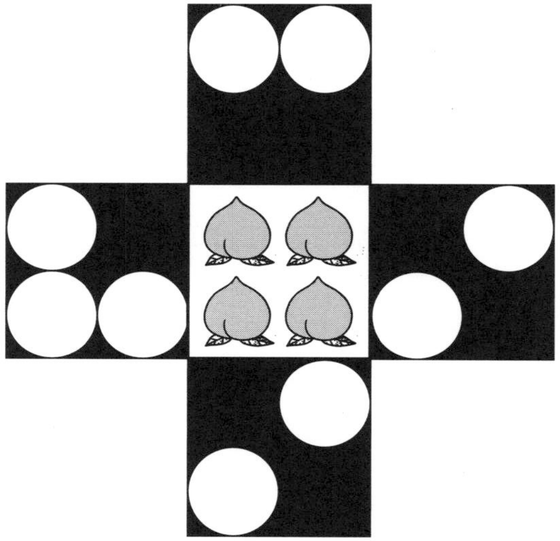

問題 21

キリトリ線

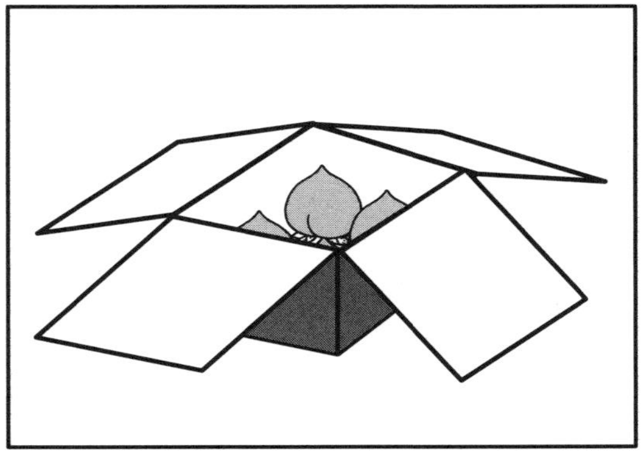

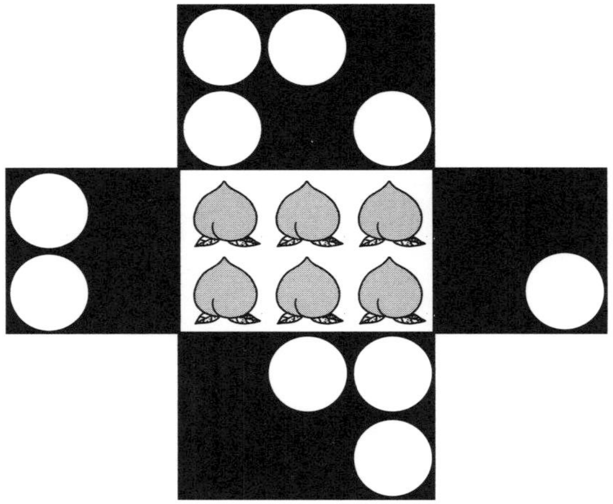

問題 22

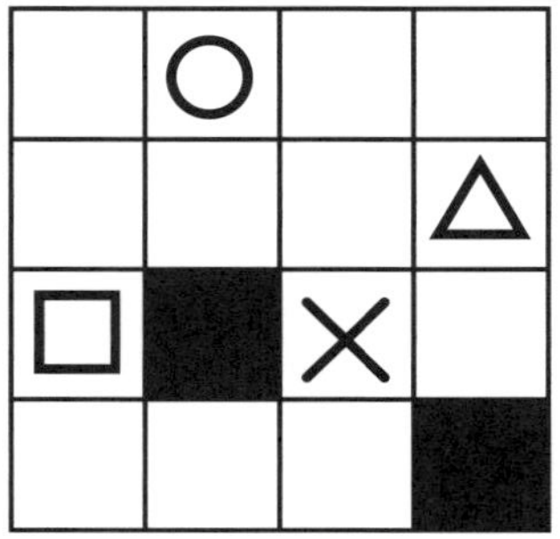

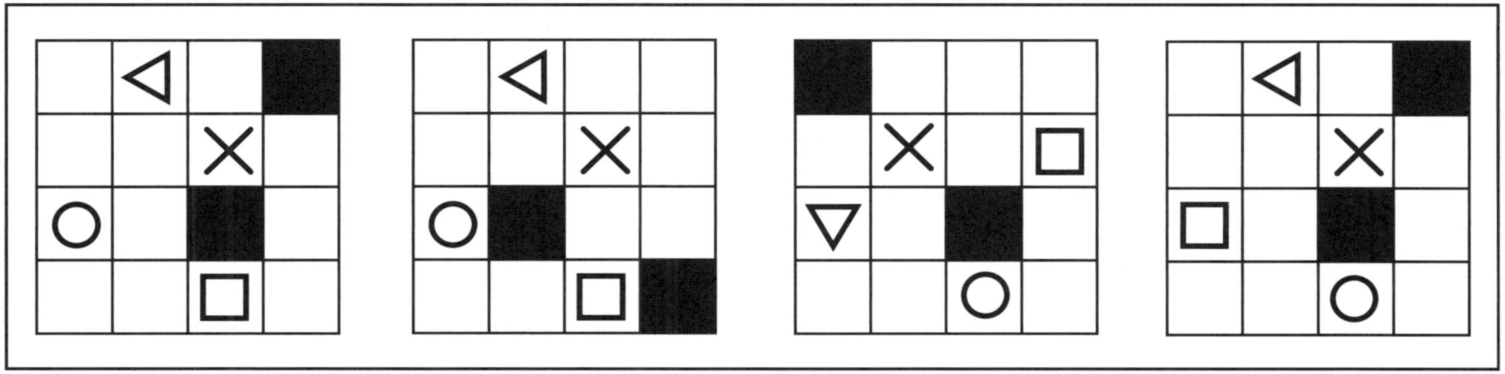

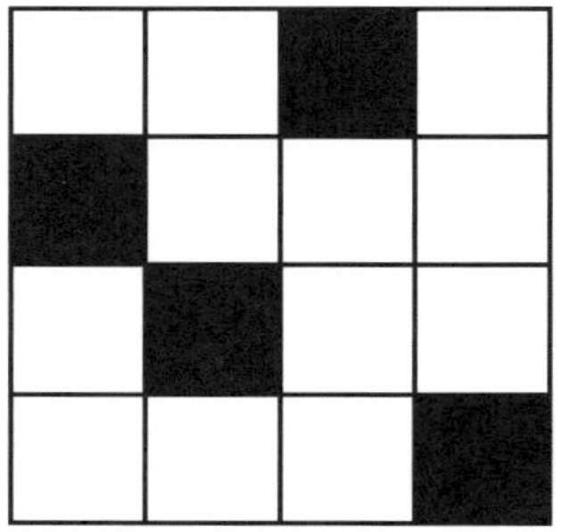

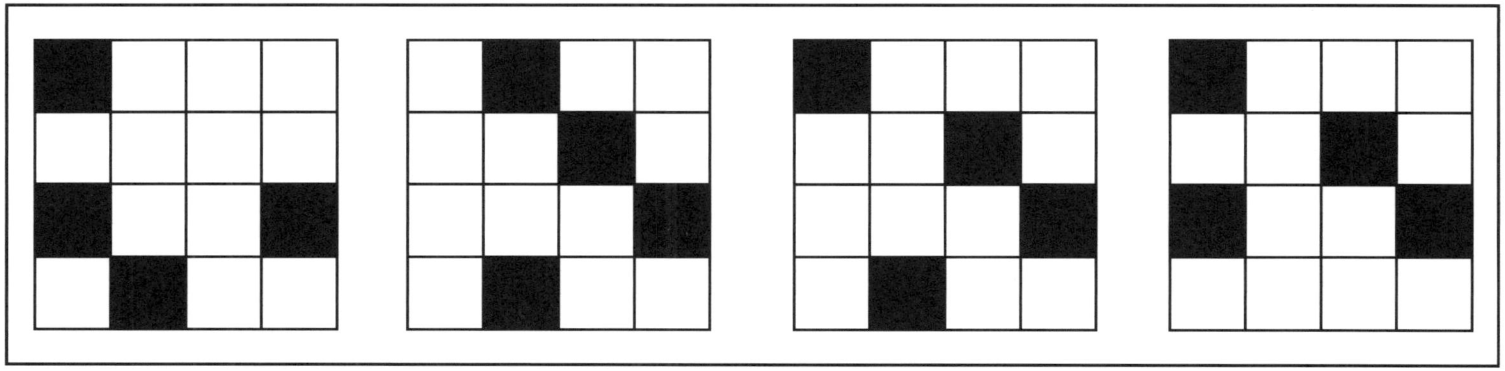

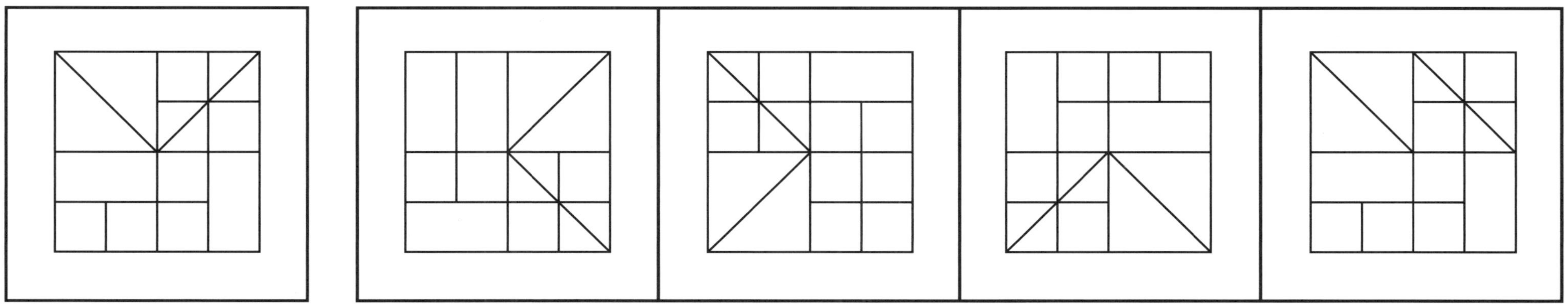

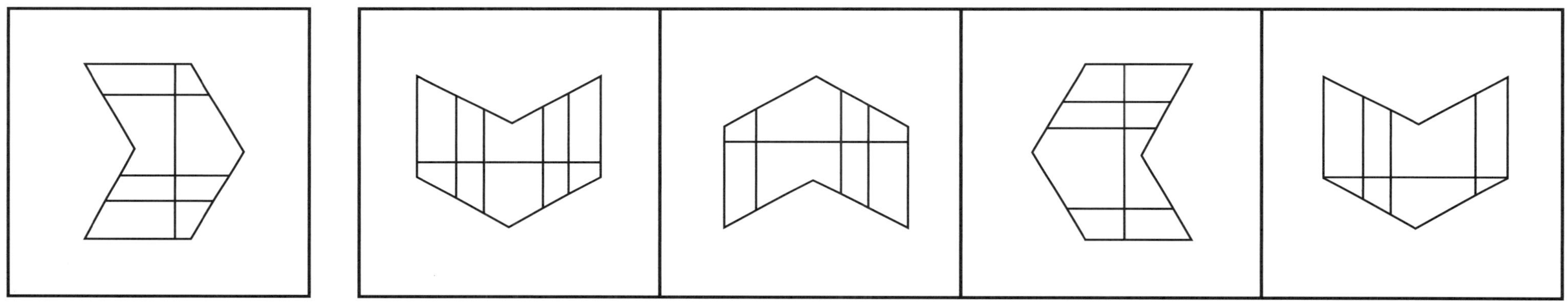

キリトリ線

♥

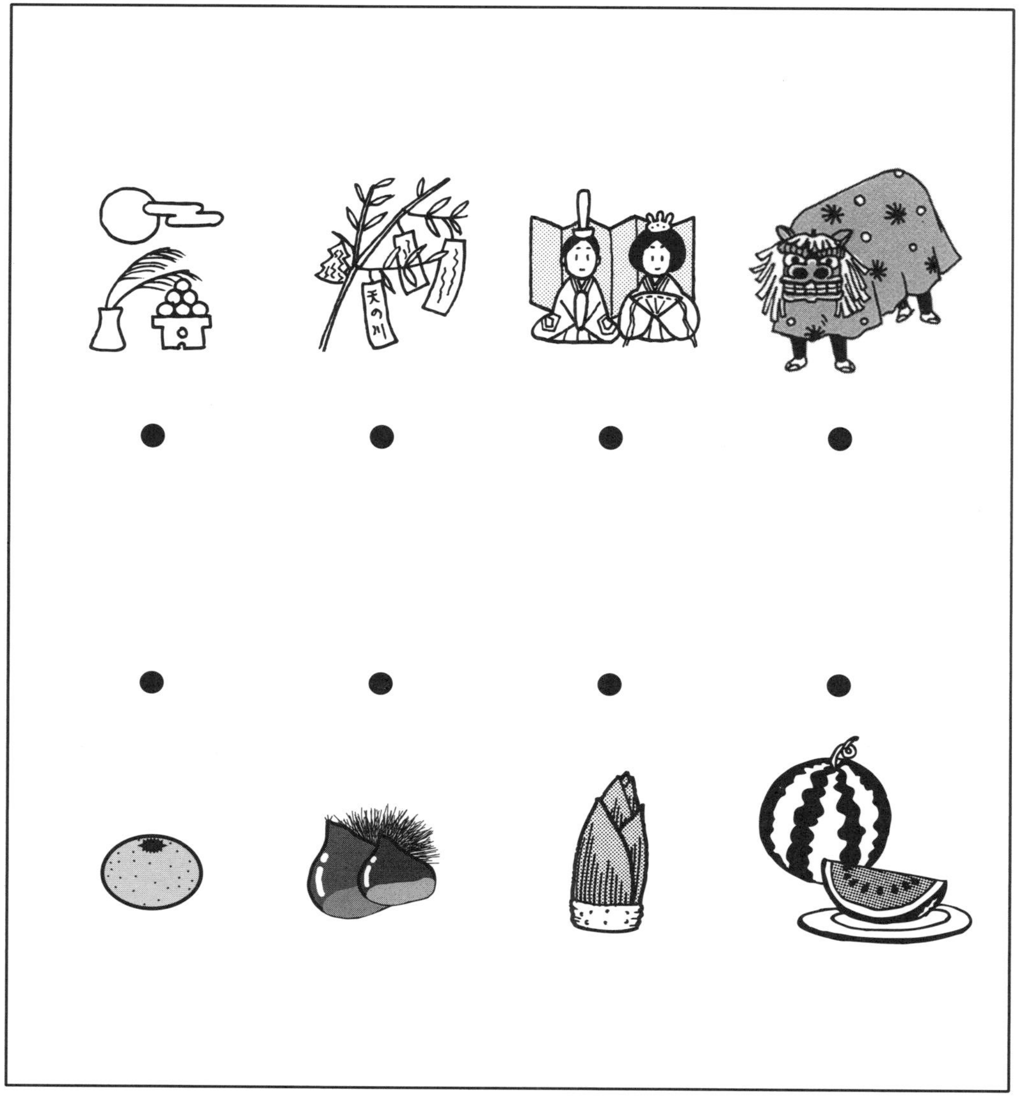
天の川

♠

♦

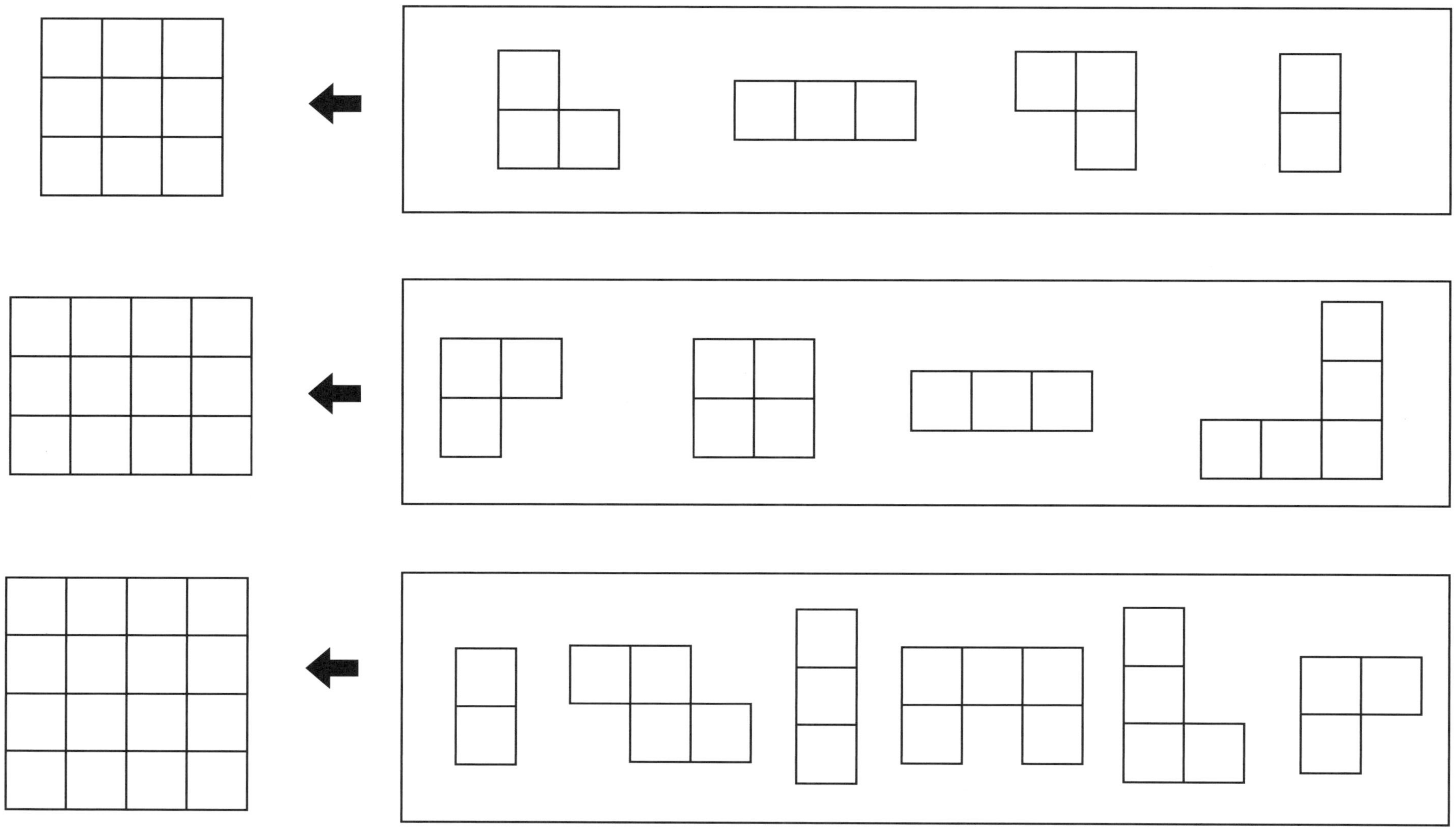

問題 27

キリトリ線

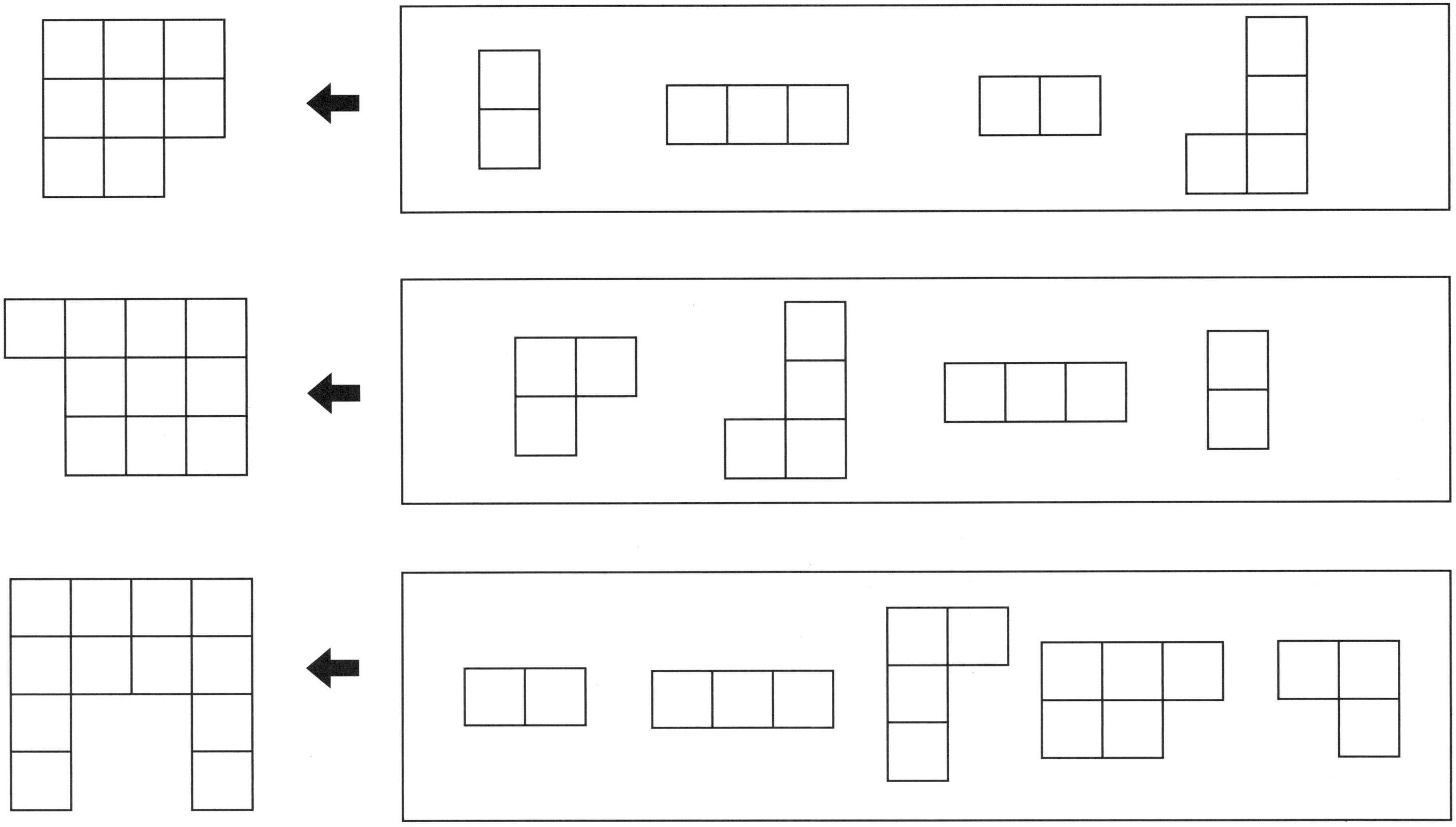

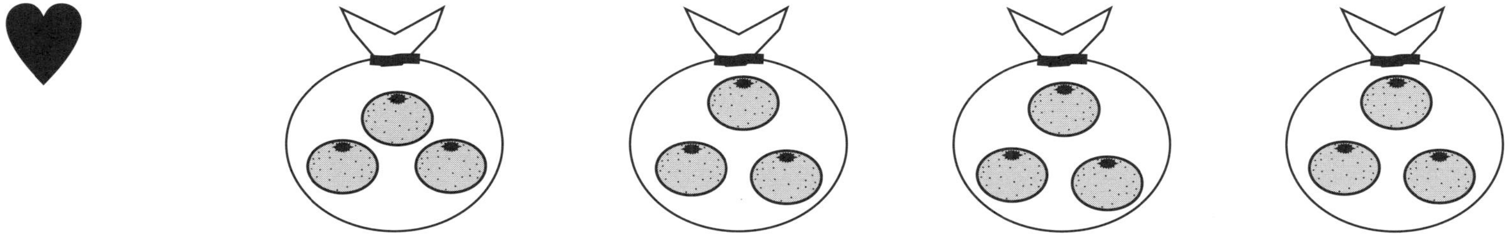

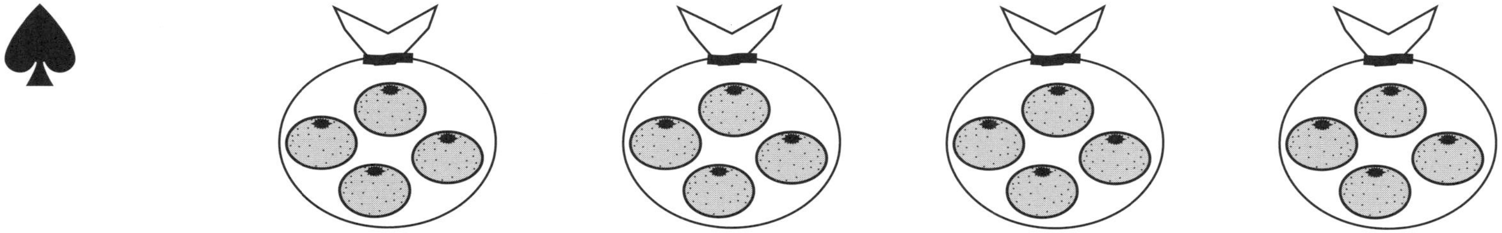

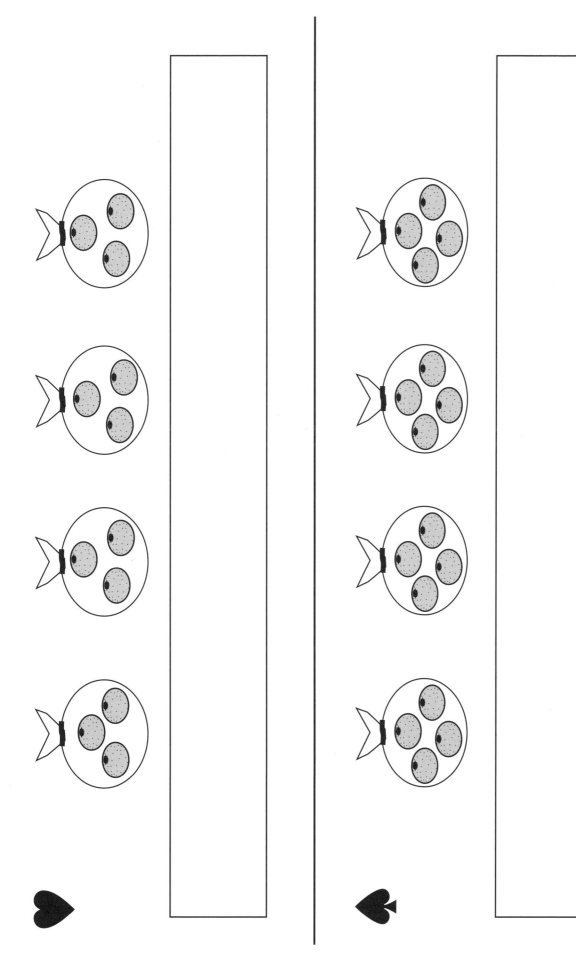

♥ 

♠ 

◆

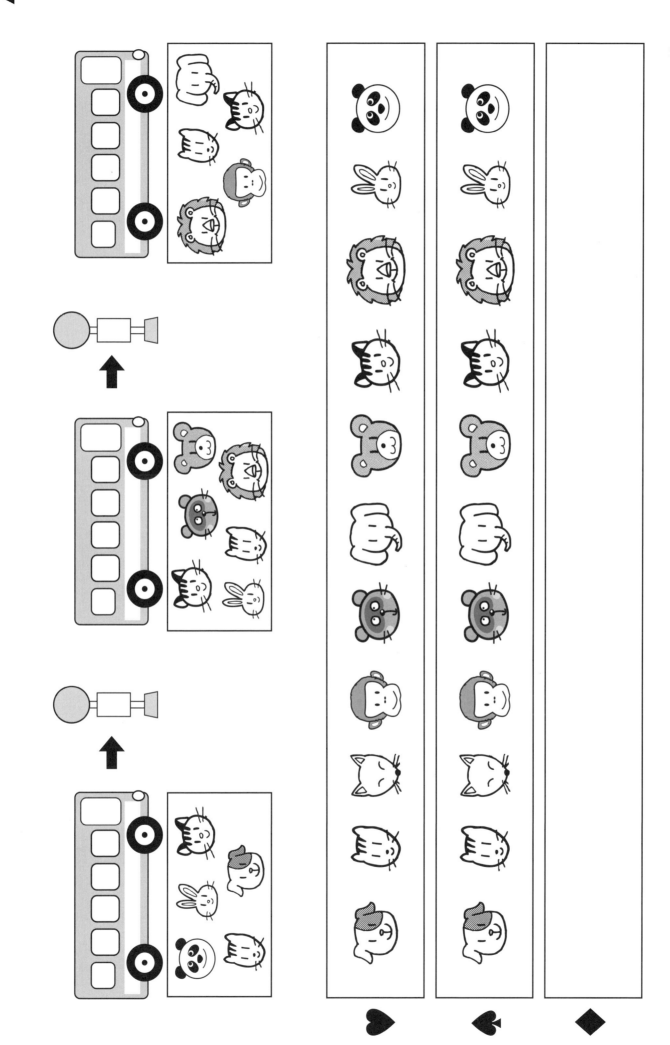

キリトリ線

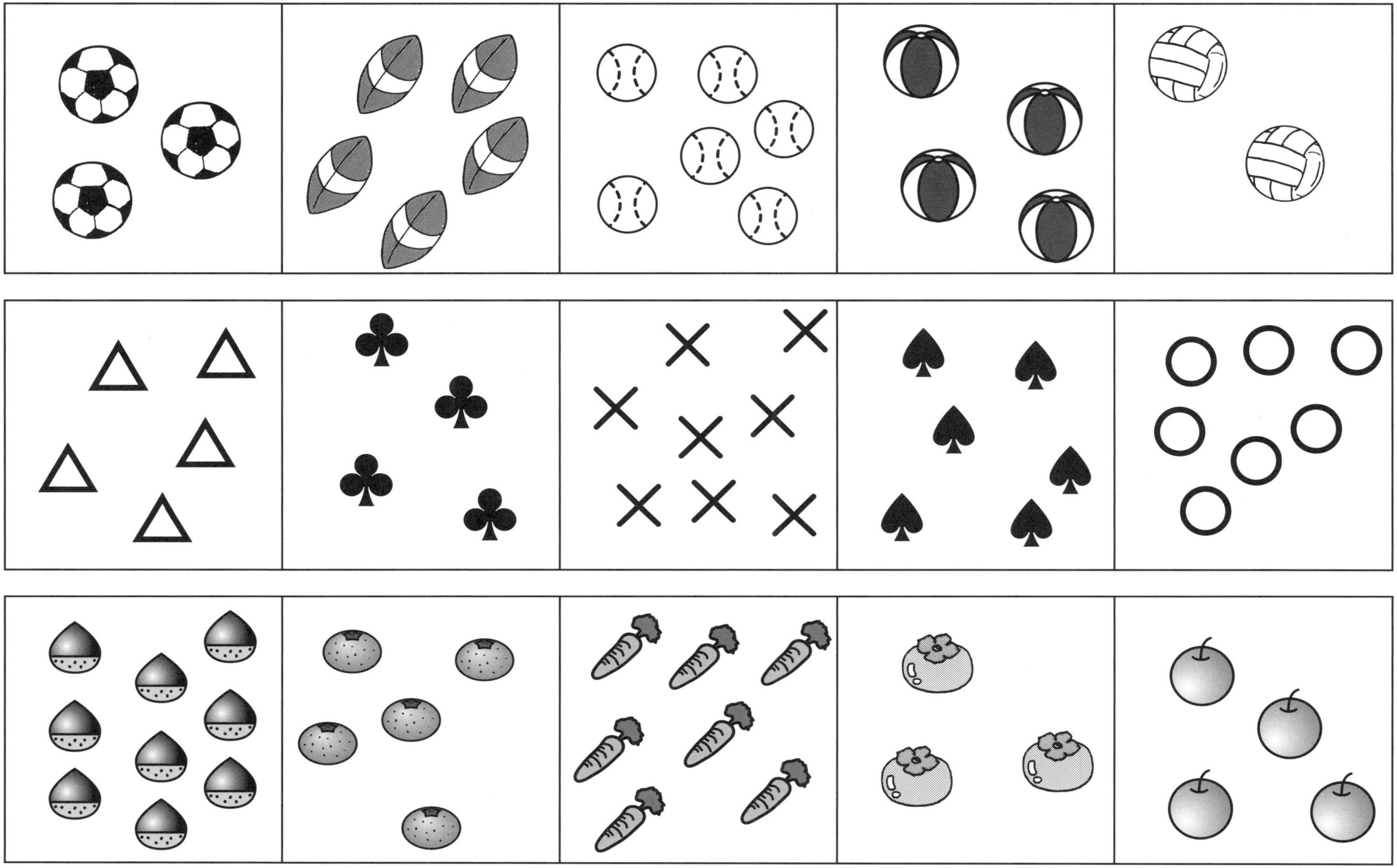

問題 31

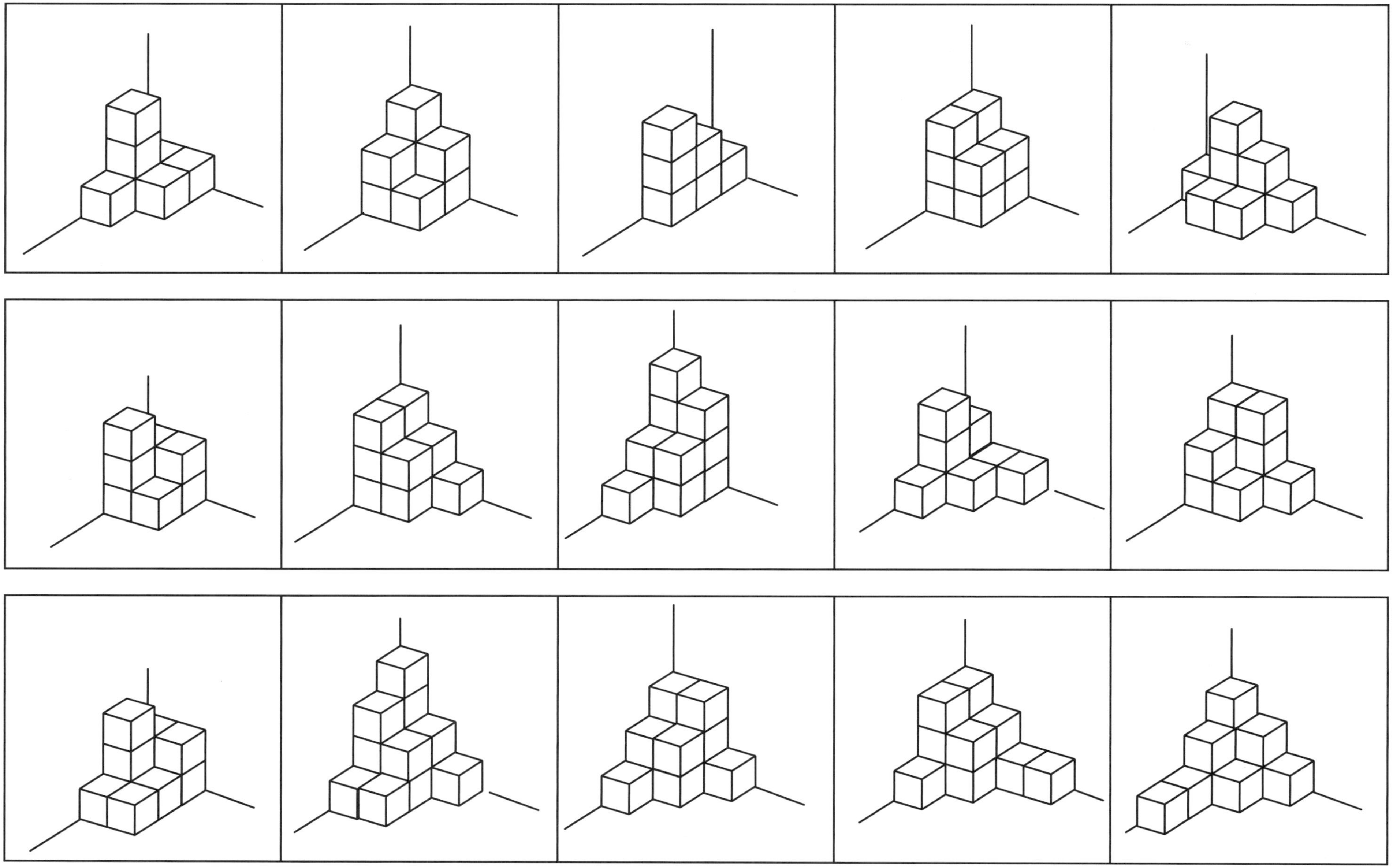

キリトリ線

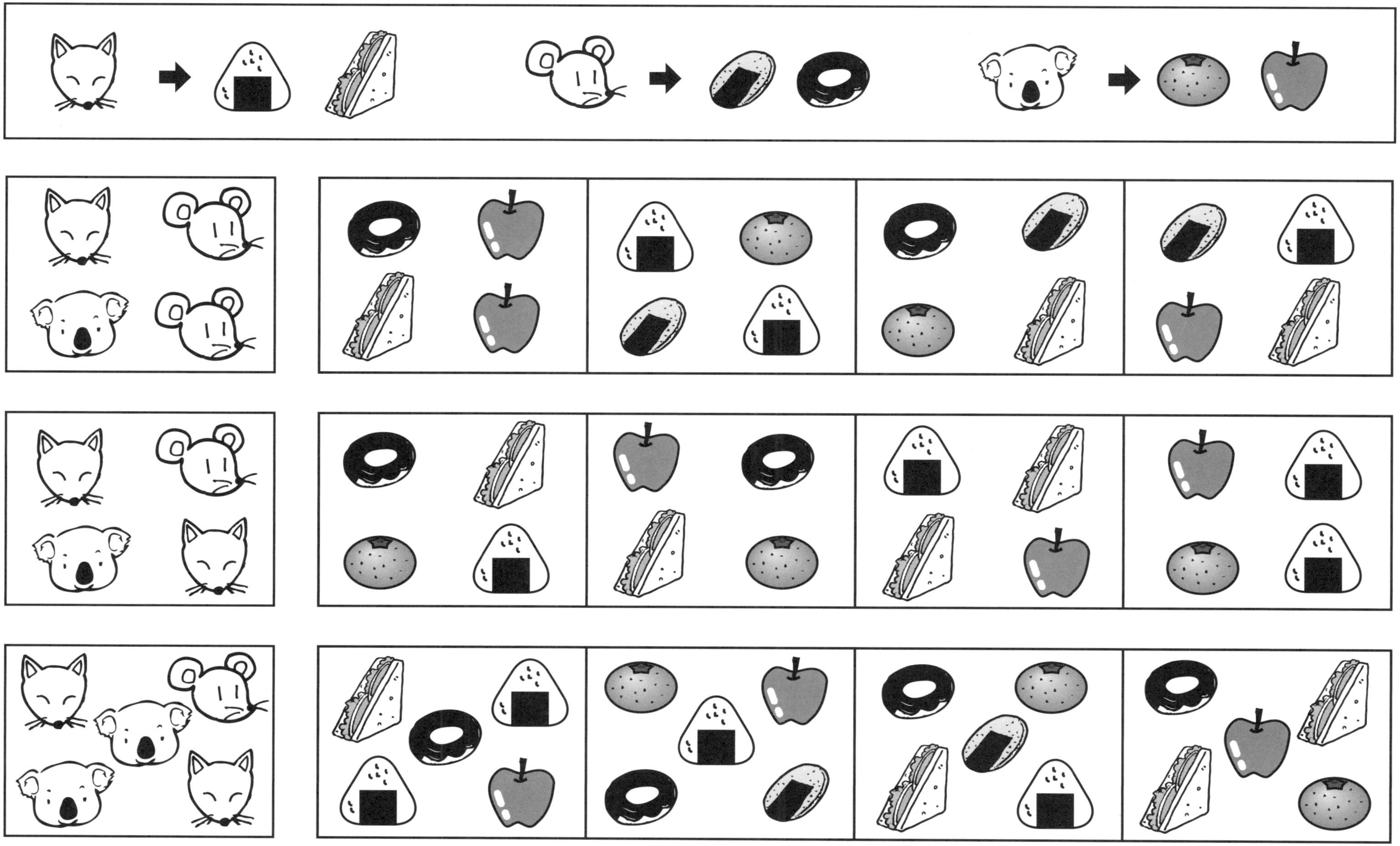

問題 33

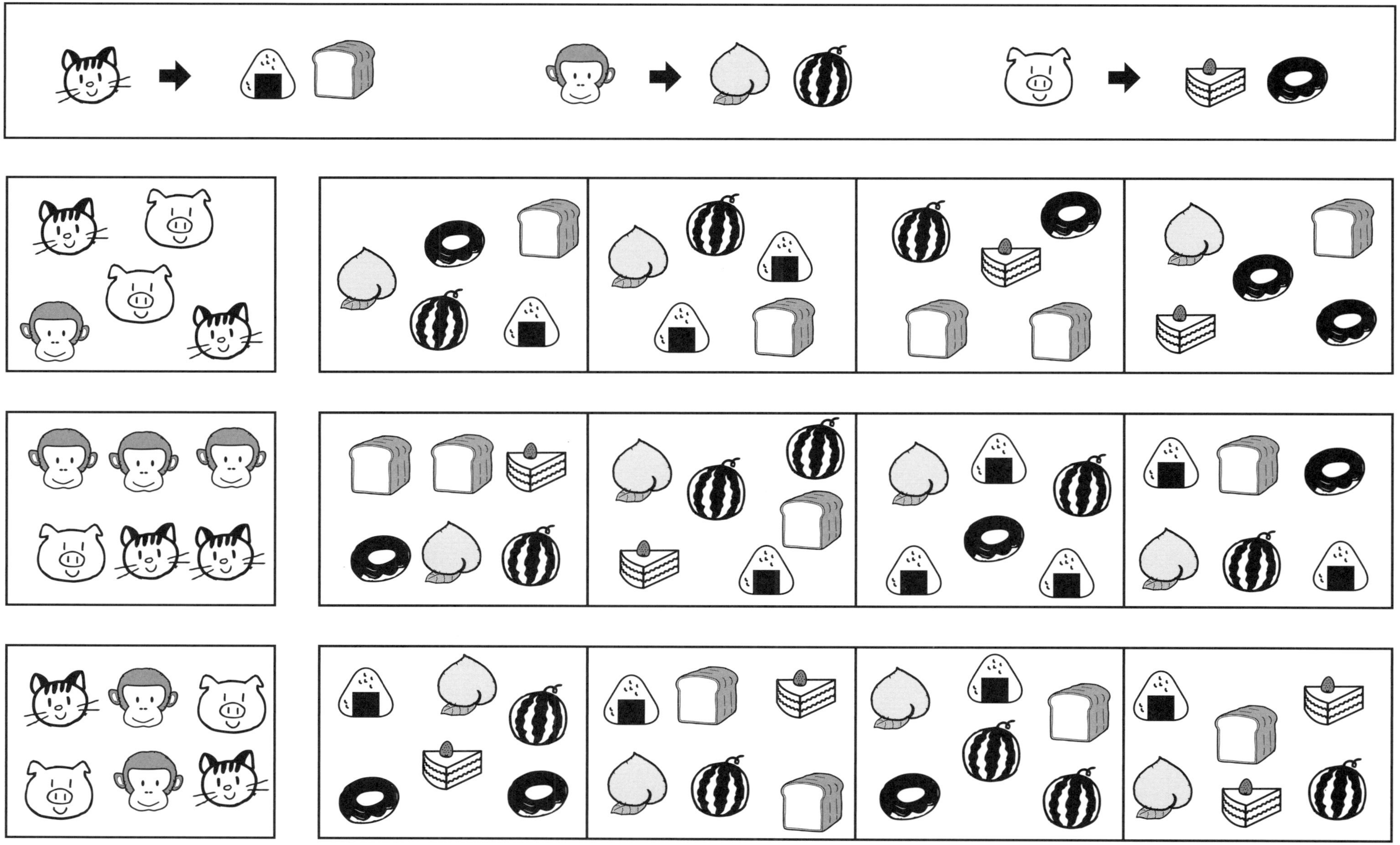

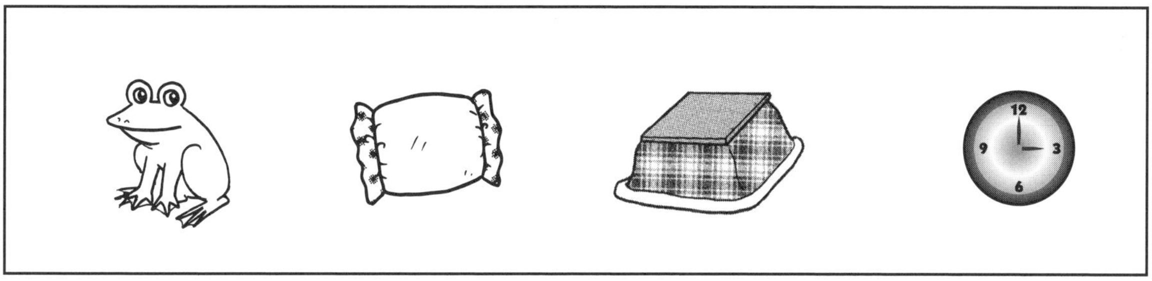

問題 35

キリトリ線

問題 36

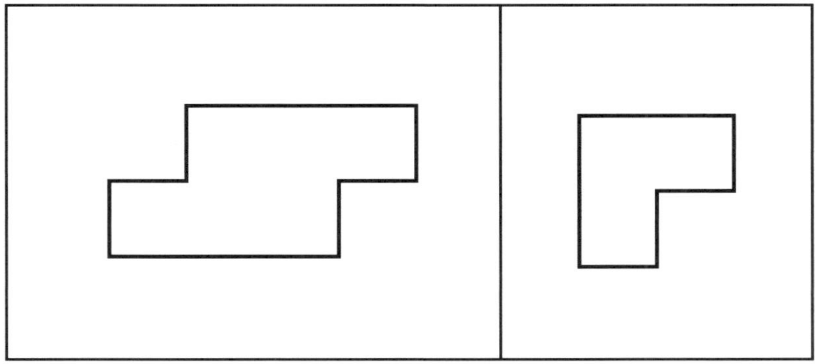

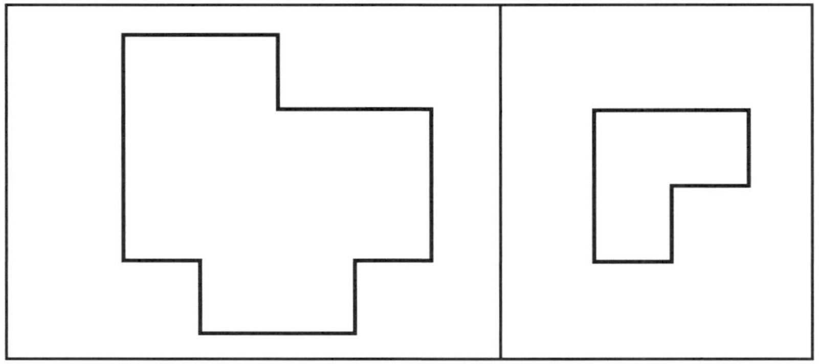

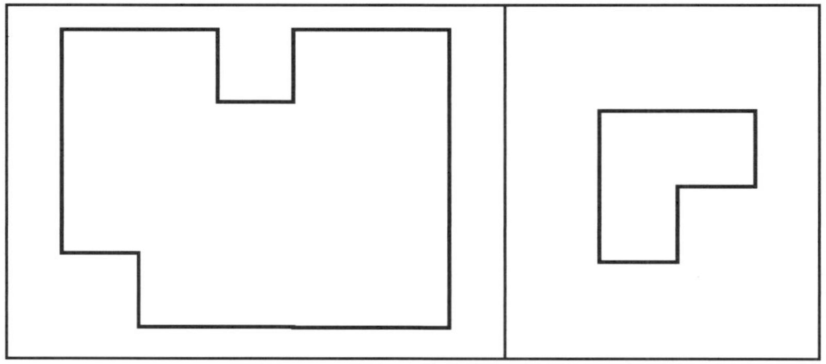

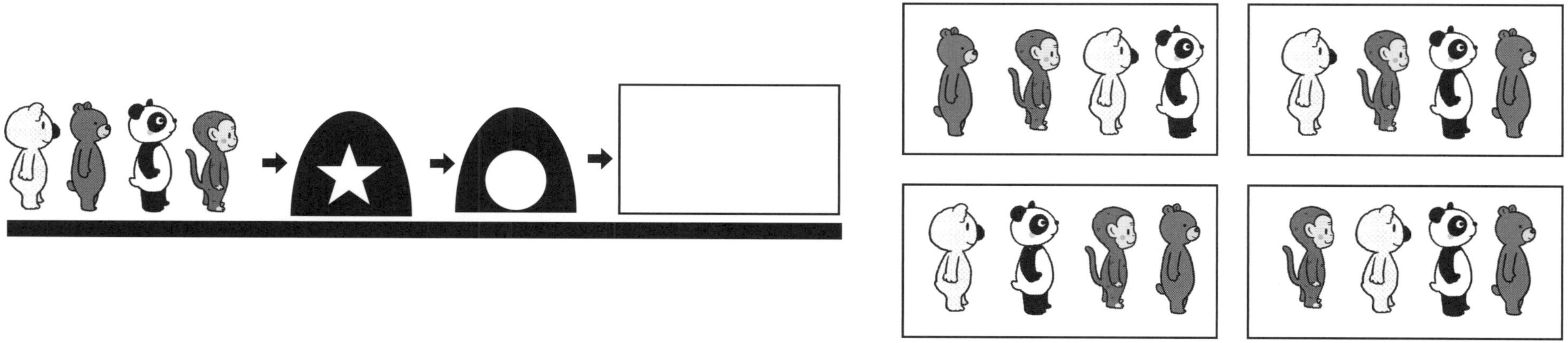

問題 37

キリトリ線

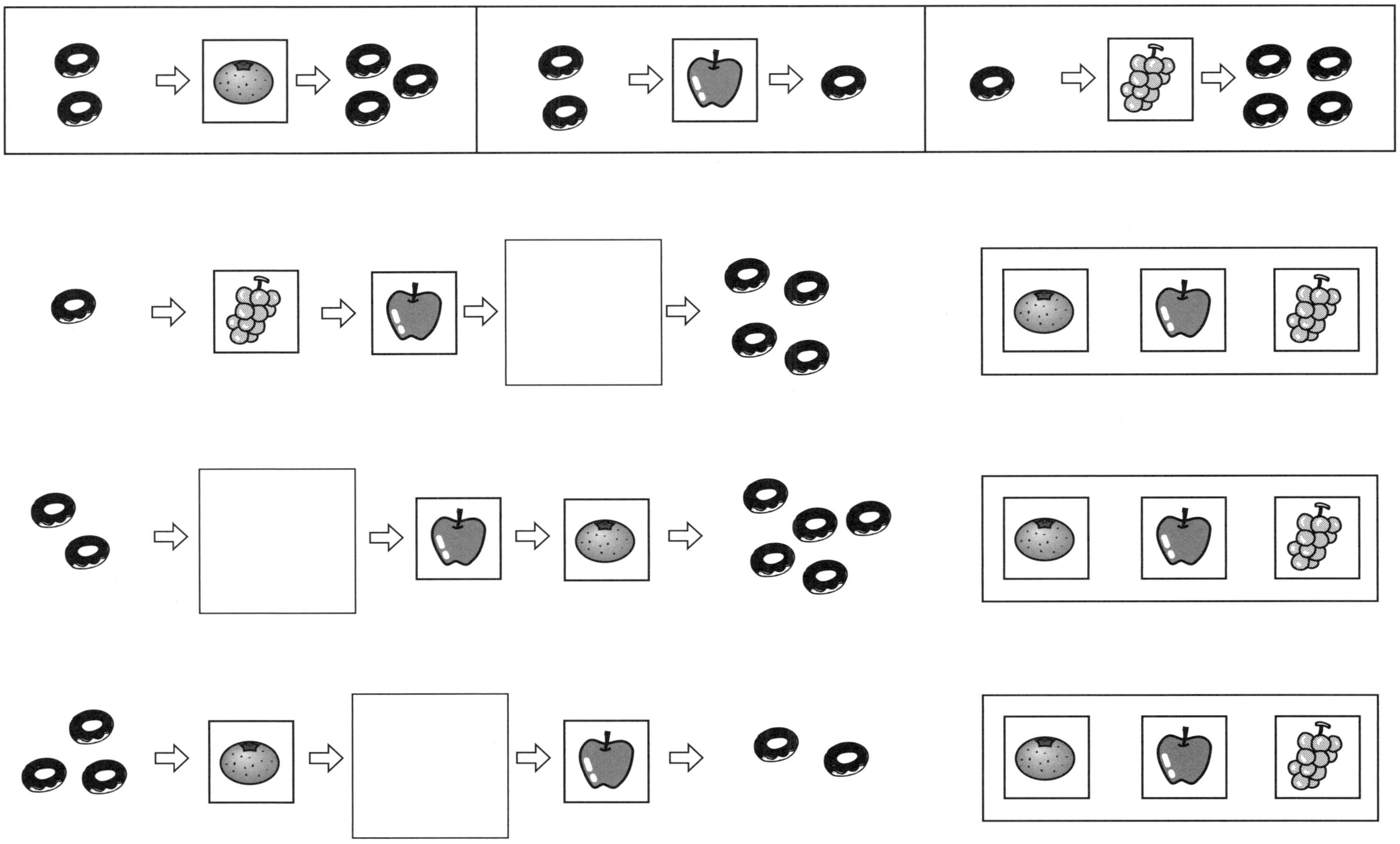

キリトリ線

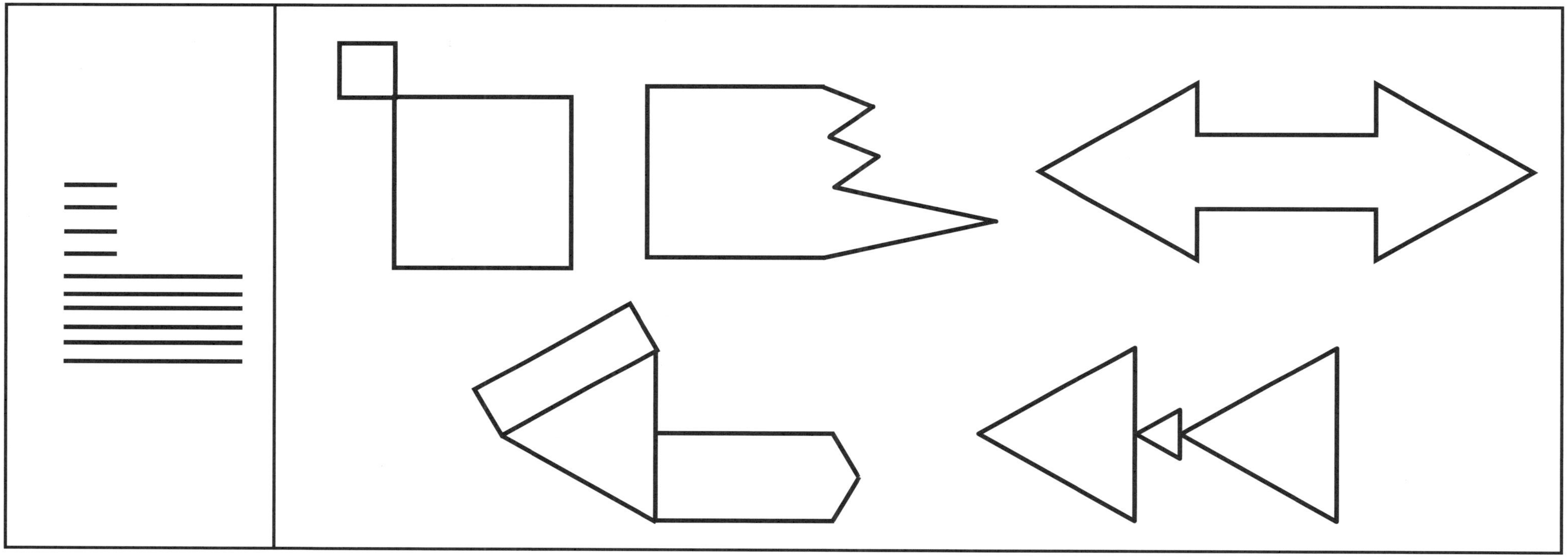

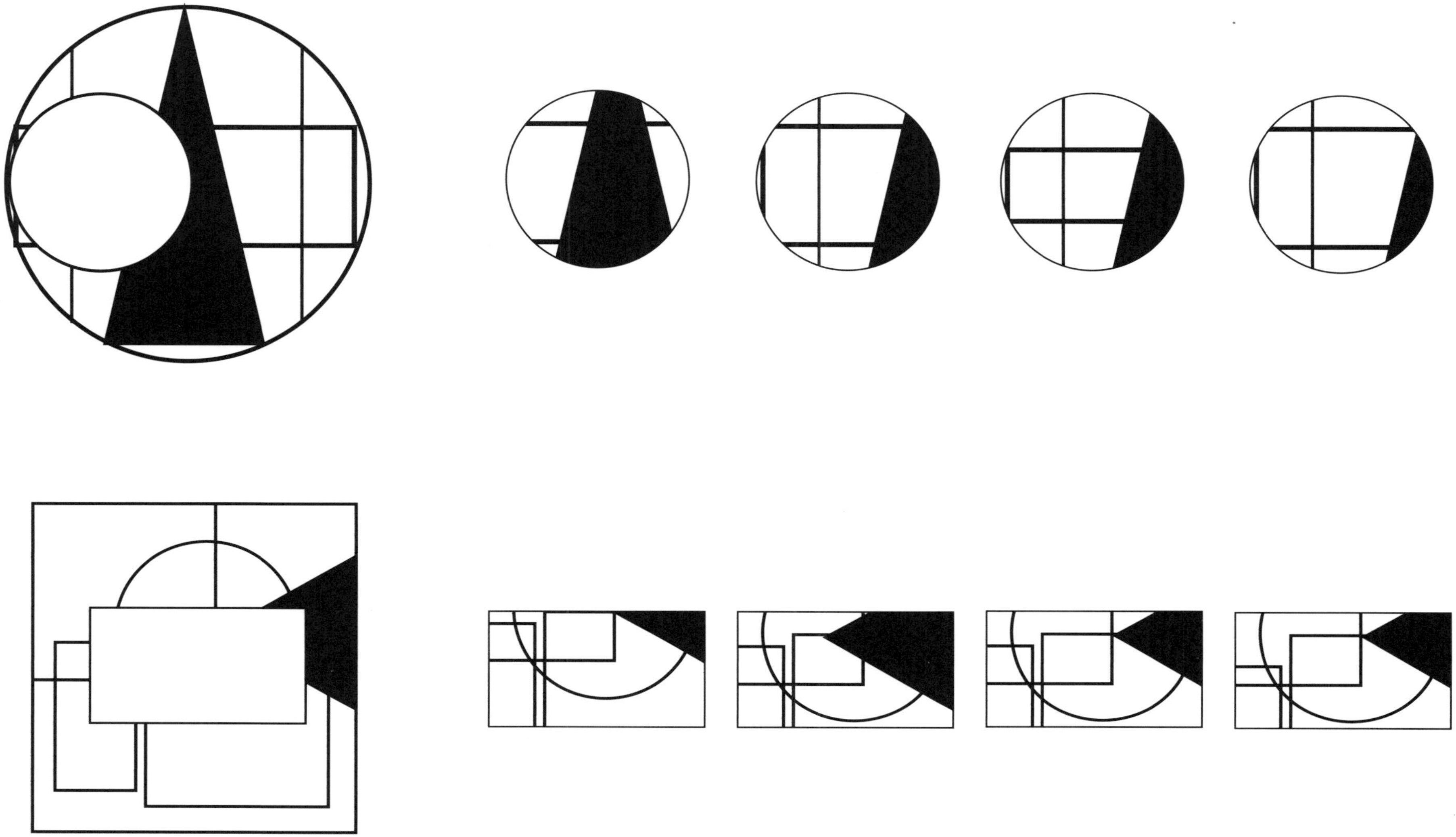

問題 40